KB204175

어디로 가야 이 길의 끝이 보입니까

어디로 가야

이 길의 끝이 보일까

종현 지음

조계종
출판사

가야산 해인사海印寺는 한국불교의 성지이면서 수행의 종가宗家라 해도 과언이 아니다. 절이 세워진 이래 중생들의 든든한 귀의처로서 삶의 위안을 주었을 뿐만 아니라 걸출한 명안종사明眼宗師들이 무수하게 배출되었기 때문이다. 근래에는 자운, 성철, 지관, 법정, 혜암, 법전 스님 등이 대표적인 인물들이다. 이러하므로 해인사를 일러, 여러 스님들이 숲을 이루고 수행하는 도량이라 하여 '총림叢林'이라 부르는 것이다.

나에게도 해인사는 늘 그리운 고향 같은 곳이다. 20대 시절 이곳에서 중노릇의 기본을 익히며 경전의 말씀을 배웠다. 그 시절의 수행 일과는 교화의

업으로 형성되어 지금까지 내 삶을 받쳐주는 든든한 터전이 되고 있다. 이처럼 해인사는 수행길이 고단할 때마다 언제나 기대고 싶은 내 마음의 본산本山이다.

　종현 스님은 유서 깊은 해인사로 출가하여 그곳에서 잔뼈가 굵어진 수행자다. 그래서 그 누구보다 해인사의 수행가풍을 몸으로 체험하며 그 역사를 줄줄이 꿰고 있는 납자衲子이기도 하다. 평소 그의 입담과 지식이 아까워서 수행 일화를 재미있게 풀어주었으면 하는 바람이 있었는데 드디어 씨줄 날줄로 엮어 책으로 펴낸다는 소식이 무척 반가웠다. 더군다나 불교계의 대표 사찰 해인사의 이야기라서 더 솔깃했다.

　이 책을 읽으면서 언제 어디서 이러한 다양한 수행담들을 기록하고 정리했는지 궁금해졌다. 종현 스님이 아니었다면 한 권으로 결집結集되지 못하고 아직까지 여담이 되어 제방諸方으로 떠돌 뻔했다.

본디 실록實錄이라는 것은 정사正史보다 야사野史가 더 흥미롭고 관심 있는 법이다. 이런 점에서 절집의 야담들을 꾸준히 수집해 온 종현 스님의 기록 정신은 칭찬해줄 만하다.

여기에 담긴 내용들은 수행 공간의 비밀스런 구전口傳들도 담겨 있어 일반인들의 호기심을 자극할 수 있는 소재가 무궁무진하다. 특히 해인사 행자실의 풍경과 전통을 슬며시 공개하고 있어 읽는 재미가 아주 크다. 지금은 전수되지 않는 규칙들이 더러 있어서 빛바랜 것도 여러 가지일 테지만 그 시절의 배경과 장면들을 웃음 나게 잘 그려내고 있다.

그리고 일상에서 일어난 소소한 사건들을 짤막한 문장으로 전달하고 있기에 책장을 넘길 때마다 미소를 머금게 한다. 여기에는 촌철살인의 대화도 있고, 폭소를 자아내게 하는 문답도 있다. 그 속에 재치와 반전의 기술도 숨어 있으며 이론과 지식을 초월하는 파격도 담겨 있어 통쾌한 삶의 지혜를 보여준다. 한마디로 수행자가 주연이 되어 펼치는 유머 코너를 보는 것 같은데 그 여운은 결코 만만치 않다. 법상法床 위의 법어보다 더 생생한 현장 법문이라 할 만하다.

이러하므로 근심 걱정으로 인해 삶의 무게에 지친 이들이, 여기의 일화를 만나 답답한 고민 하나가 풀어진다면 종현 스님은 나름의 밥값을 했다고 생각한다. 모두가 비단에 놓인 꽃이라서 그 어느 것도 버릴 게 없다. 행간마다 어리석음을 타파하는 취모검吹毛劍들이 총총하다.

인연 있는 이들에게 적극 추천하며 일독을 권하고 싶다.

현진玄眞

(前 불교신문 논설위원, 청주 마야사摩耶寺 주지)

들어가며

　젊었을 때 서점에서 작은 책을 하나 보았다. 손에 들어올 만큼 작은 책이었는데 일본인 작가가 그린 삽화 그림책이었다.

　일간지에 게재되는 만평 그림으로 1단의 그림에는 사회를 풍자하는 만평이 담겨 있었다. 글은 한 줄 정도 짧게 들어가고 그림이 주였는데 어찌나 풍자를 잘했는지 작가가 표현하고자 하는 내용을 쉽게 들여다볼 수 있었다.

　글이든 그림이든 저리 써야 되는데…… 짧으면서도 대중에게 쉽게 다가가는 글.

　2004년부터《해인海印》지 편집장을 맡으면서 평

생 써보지 않았던 글도 접하게 되고 직접 쓰게 되는 영광까지 누렸다. 코너명 '해우소'.

사찰이나 스님들 주변에서 벌어지는 생활 이야기를 솔직하게 대중들에게 이야기하는 내용으로 딱딱한 글에서 벗어나 독자들이 좀 쉬어가며 살며시 웃고 갈 수 있는 그런 내용의 글이어야 했다.

역대 편집장 스님들이 쓴 글 중 현진 스님과 원철 스님의 글을 많이 참고하면서 가장 쉽고 편안한 글을 쓴다는 생각으로 매달 한 편씩 게재한 것이 어느덧 이리 많이 모였다.

또 해인사에 꼭 기록으로 남겨야 할 내용들은 자세하게 묘사하여 스님들의 절제되고 엄격한 생활을 일반인들에게 전달하기 쉽게 세세히 설명도 해 놓았다.

이제 와서 출판을 하려니 걱정이 앞선다.

이미 《해인》지에 게재되었고 그 내용들은 2004년

부터 2015년까지의 기록이기 때문에 지금의 현실
과는 괴리감이 있다. 그러나 수행하는 스님들의 산
속 생활이 딱딱하지만은 않고 재미있고 놀라운 일
들이 매일매일 벌어지는 연화장 세계임을 깨닫고
많은 젊은이들이 절집의 문을, 출가의 문을 두드릴
수 있기를 바라는 마음으로 출판의 용기를 내었다.

　해인사로 출가하여 해인강원을 졸업하고 편집장
을 11년 했으니 근 20여 년을 해인사 밥 축내며 비
비고 산 격이다.
　밥값에 비하면 터무니없지만 수구지심首丘之心의
마음으로 대중에게 내보인다.

　　　불기 2564년 3월 팔공산 도림사道林寺에서,
　　　　　　　　　　　　　　　　종현宗玄

차례

2장 끽휴시복喫虧是福
─ 강원 이야기

3장 미언대의微言大義
— 선원 정진 이야기

4장 일자포폄一字褒貶
─ 해인사 이야기

5장 난득호도難得糊塗
─생활 이야기

1장

무작타관

無作他觀

—

행자실 이야기

날에게
의지하지
마라

개구집착開口執着•

1. 어디로 가야 이 길의 끝이 보입니까

살다 보면 눈과 귀를 멀게 하는 경우가 가끔 있다. 눈과 귀는 멀었지만 너무도 가슴속에 생생히 각인된 이야기, 그 이야기를 할까 한다.

2001년 범어사梵魚寺 선원 동안거冬安居 때의 일이다.

• 입을 열면 집착이다.

언제나 그러하듯 점심 공양 후 한 시간 가까이 포행布行(참선參禪하다가 잠시 방선放禪을 하여 한가로이 뜰을 걷는 일)을 했다. 범어사 원효암元曉庵에서 원효석대元曉石臺에 올라보고 의상대義湘臺를 둘러 내려오면 근 한 시간 가까이 시간이 흐른다.

포행을 하고 범어사 대성암大成庵 계곡 쪽에 다다랐을 때 멀리서 30대 중반의 여인이 누군가를 기다리듯이 서 있었다. 그 앞을 지나려는데 그 여인이 여쭤볼 말이 있다며 길을 가로막고는 간절함이 깃든 표정으로 말을 했다.

"스님……! 어디로 가야 이 길의 끝이 보입니까……?"

"……???"

여인의 말을 듣는 순간 모든 것이 정지된 듯 온몸이 꽁꽁 얼어붙는 것 같았다.

속으로는 '별 이상한 질문을 다 하네!' 하며 지나

쳤지만 아무런 답을 못하고 여인을 뒤로하며 돌아
서는데 어찌나 뒤통수가 뜨겁고 얼굴이 화끈거리
던지……

지금도 가끔 자문해본다.

"어디로 가야 이 길의 끝이 보입니까?"

2. 스님! 성불하십시오

98년 해인강원에 있을 때의 일이다.

국가 기간산업인 철도노조의 파업이 장기화되면서 조합원들이 조계사에서 농성을 벌인 적이 있었다. 한국불교의 중심인 조계사는 '불교의 사회참여'라는 대의大意 아래 처음으로 철도노조의 농성을 허락하였고, 철도노조는 장기간 농성에 돌입한 상태였다.

나는 조계사에서 일을 보고 영등포까지 가기 위해 종각 전철역에 줄을 서 있었다. 줄은 한 1미터 정도 늘어서 있었고 내 차례가 되어 "영등포 한 장요!" 하고 역무원에게 말했다.

그 역무원은 가슴에 붉은 리본을 달고 있어 얼핏 조합원이라는 것을 알 수 있었다. 역무원은 표를 끊어주는 듯 싶더니 갑자기 자리에서 벌떡 일어나 합장하며 이렇게 말했다.

"저…… 스님들께는 '성불하세요'가 가장 큰 인사라면서요? 스님! 성불하십시오."

그 많은 인파 앞에서 90도로 합장 반배하는 역무원에게 답례도 못 한 채 쭉 늘어서 있는 줄을 뒤로하고 걸어 나왔다. 기분이야, 말로 다 할 수 없는 기쁨이었지만 너무도 갑작스런 상황이라 어찌해야 할지를 몰랐었다.

감격에 겨워 얼굴만 벌게진 채…….

출가 인연

머리 깎고 장삼 걸치시고 가사를 수한 스님들의 모습이 너무 멋있어 보였다. 너무 동경한 나머지 어느 날 결심을 하고 출가를 하기 위하여 인연 있던 스님을 찾아갔다.

"스님, 저 졸업하면 출가하겠습니다."

"출가! 출가가 장난인 줄 알아? 안 돼. 아무 생각 말고 열심히 공부나 해."

그 후 몇 년이 지나 불교 청년활동을 하며 여전히

출가를 엿보고 있다 다시금 결심을 하고 법사法師 스님을 찾아갔다.

"스님, 저 출가해서 스님을 스승으로 모시고 싶습니다."

"나는 아직 제자를 받을 상황도 아니고 공부도 미천하니 서울에 있는 종태 스님을 찾아가라."

며칠 뒤 종태 스님 앞에 앉았다.

"나 역시 상좌를 받을 상황이 아닙니다. 해인사로 가세요. 해인사는 종정宗正스님이 계시고 한국불교의 종합대학과 같은 곳입니다. 많은 것을 보고 배울 것이며 지금껏 생각했던 불교와는 많은 차이가 있을 겁니다. 한국불교의 중심인 해인사로 가세요."

이 스승, 저 스승 받아주지 않고 이리 가라 저리 가라는 말에 은근히 화가 나서 출가할 마음이 잠시 주춤거렸다. 그때 선배가 불렀다. '황벽 선사와 어

황벽 선사와 어머니

중국의 황벽 희운黃檗希運(?~850) 스님의 어머니는 출가한 자식이 돌아오길 기다리다 눈이 멀었으며 시장 입구에서 자식을 만나고자 하는 염원으로 지나가는 스님들 발을 씻겨드렸다.

이를 본 황벽 스님은 오른발이 아닌 왼발을 내밀었고(아들의 오른발에 사마귀가 있다), 그날 노모의 집에 머물며 스님들의 출가 생활과 인과법에 대해 법문을 하였다. 다음 날 황벽 스님은 길을 떠났고 밤새 함께 이야기를 나눈 스님이 아들임을 안 눈먼 노모는 아들 이름을 부르며 나루터로 달려가다 벼랑에서 떨어져 죽고 말았다.

머니' 이야기를 해주며 출가는 눈앞에서 부모가 죽어도 눈 하나 까딱 않을 결심이 서지 않으면 어렵다며 다시 한 번 마음을 돌아보라 하신다.

나는 1년 뒤 모든 것을 정리하고 해인사로 출가하였다.

그 후 처음 상담했던 학생 때의 스님은 미국에서 여인을 만나 가정을 꾸렸으며 두 번째 청년 때의 스님은 서울 사찰에서 주지 소임을 보신다. 세 번째 상담했던 스승은 94년 개혁회의 일로 활동하시다 교통사고가 나 입적하셨고 네 번째 상담했던 선배는 나보다 6개월 먼저 출가해서 해인강원 1년 선배가 됐으며 지금은 저 북쪽 사찰에서 불사를 하고 있다. 모두 다 인연이다.

인내와 의지를 시험하는 속복 생활

출가하기 위해 스님들과 상담을 하게 되면 많은 분들이 "남자는 해인사, 여자는 운문사"라며 해인사로의 출가를 권유한다. 나도 그러한 권유로 해인사에서 출가하게 되었다. 막상 가야산문으로 들어오게 되면 어디로 가야 할지 몰라 어슬렁거리며 경내를 한 바퀴 도는데 유난히 밝은 모습의 관광객과 참배객들을 보면 왠지 나는 저들과 다른 세상에 살고 있다는 느낌이 들었었다.

가장 먼저 찾게 되는 곳이 행자실이 있는 원주실

인데 원주院主스님(절의 살림을 담당하는 스님)과 1차 상담을 하고 나면 목탁 및 의식에 대한 소임을 보는 '부전장'이란 직책을 가진 행자에게 인계가 되고 그날부터 일주일간 속복 생활에 들어간다. '속복俗服'이란 삭발하지 않고 행자복도 입히지 않은 채 출가한 복장 그대로 대기 생활하는 것을 말한다.

"삼천배三千拜를 일단 마치고 일주일간의 속복 생활(대기)을 해야 합니다. 그사이 마음 바뀌면 언제든지 떠나셔도 됩니다."

첫날 보경당普敬堂에서 삼천배를 시작한다. 출가 전에 절을 많이 해본 분들은 삼천배는 무리 없이 진행한다. 특별히 지켜보거나 감시하는 행자가 없기 때문에 삼천배는 스스로 알아서 해야 하는 것이다. 그해 나는 스님들의 묘한 모습을 보았다. 한참 절을 하고 있는데 스님 두 분이 가사 장삼을 수하고 들어오더니 뒤에 가만히 앉아 있는 것이었다. 스님들은 절을 하는 나에게 친절히 가르쳐주기까지 했다.

"속복님, 너무 빨리하지 마세요. 잘못하면 무릎 나갑니다. 쉬엄쉬엄하세요."

뒤에 앉아 있던 스님들은 조언도 해주고 자기들끼리 심각한 이야기도 주고받으며 그렇게 보경당에 장시간 앉아 있었다. 그때는 이 스님들이 뭐 하러 이유 없이 보경당에 앉아 있는지 알지 못했다. 내가 절하는 것을 감시하는 줄 알았다. 훗날 강원에 들어가서야 진실을 알게 됐다. "아! 그때 그 스님들이 윗반스님들로부터 지적을 받고 참회(벌)를 받고 있었구나"라는 것을.

삼천배 하는 데는 여섯 시간에서 열 시간이 걸린다. 삼천배 이후 일주일간의 속복 생활을 통해 인내의 끝을 보여주는 극한의 체험을 한다. 삼천배 마치면 어려운 것은 다 끝난 줄 알았는데 6일간을 계속 벽 보고 세워 놓는 것이다. 소임 시간에 행자들은 소임을 보고, 속복 행자는 벽을 보고 두 시간이건 세 시간이건 세워 놓는다. 이 벽 보고 있는 시간이 오히려 많은 것을 생각게 한다. 출가 의지도 바로 세우고 행자들의 절도 있는 생활을 엿보며 이후 해나갈 행자 생활이 만만치 않겠구나, 라는 것을 느끼게 해주기도 한다. 이 속복 기간에 많은 행자들이 버티지 못하고 하산을 한다. 출가수행자가 된다는 것은 책 읽고 학문을 많이 한다고 되는 것이 아닌 것이다.

속복 때 가장 즐거웠던 것은 행자들이 축구 울력을 할 때인 것 같다. 이때는 차수叉手도 풀고 속복도 공을 차는 데 끼워주어 오랜만에 뛰어다닐 수 있었다. 대부분 자기들이 하기 싫은 골키퍼를 시키지만…… 그것만으로도 행복하다.

피의 삭발식

해인사 행자실에는 전수傳受 의식이 몇 가지 있다. 행자 삭발식, 큰방 입방식, 반장 이·취임식, 취침 전에 하는 반상회 등이 있다.

워낙 행자가 많고 독립적으로 운영하다 보니 행자들 간에 전수해야 할 내용이 많고 그것이 체계화되어 만들어진 것이 의식이다. 해인사 행자실을 나오지 않은 분들은 "무슨 행자가 되어가지고 종단이나 승가대학에서나 할 법한 의식을 저리 하나" 하겠지만 그런 전수와 잘 다듬어진 의식이 해인사 행자실을 지탱케 하는 원동력인 것이다.

그렇기에 많은 스님들이 출가를 한다면 해인사로 가라 했고 그렇기에 전국에서 해인사 스님들이 가장 많다. 그러한 의식 중 가장 장엄한 것이 삭발식이다. 수행자로 처음 태어나는 것이자 이제는 속가와는 단절된 출세간의 삶을 시작하는 출발점이기 때문에 삭발하는 행자나 동참하는 상행자들까지 엄숙하게 진행한다.

행자 생활 일주일이 지나면 드디어 삭발을 한다. 삭발은 삭발의식에 의해 원주스님과 모든 행자가 동참한 가운데 진행된다. 부전장 행자가 삭발식 습의를 담당한다.

행자들은 양쪽으로 마주 보며 도열하고 부전장의 진행으로 삭발식은 시작된다. 삭발할 행자가 입방하고 '삼귀의三歸依'와 『반야심경般若心經』을 봉독한다. 삭발해줄 원주스님 혹은 별좌別座스님(사찰의 부엌살림인 공양간의 전반을 맡아보는 스님)께 삼배하고 자리에 착석한다. 원주스님의 당부 말씀이 끝나면 속복 행자는 세숫대야 앞에 무릎 꿇고 양손을 바닥에 대고 머리는 대야로 숙인다. 스님께서 삭발기를 머리에 살짝 갖다 대면 속복은 합장하며 "성불하십시오"라고 크게 외친다. 이와 동시에 양옆에 도열한 상행자들은 다 같이 '참회진언懺悔眞言'을 염송한다. "옴 살바 못자모지 사다야 사바하."

참회진언의 염송 속에 원주스님은 머리를 서서히 깎아 내려가고 많은 속복들은 이때 기쁨과 슬픔이 담긴 눈물을 흘린다. 선배 행자들이 참회진언을 염송해주는 것은 속가에서 알게 모르게 지었던 모든 죄와 부모를 버리고 가족, 친구, 사회를 버리는 천륜을 어긴 것을 참회하며 이를 시작으로 앞으로 흔들리지 않는 수행으로 무상대도無上大道를 이루라는 선先행자들의 당부가 담긴 것이다.

삭발은 5분가량이면 끝난다. 원주스님이 "삭발

을 마치겠습니다" 하면 행자들은 참회진언을 끝내
고 '사홍서원四弘誓願'으로 마무리한다. 마지막으로
부전장이 삭발한 행자에게 행자복을 갈아입히면
삭발식은 끝나게 된다. 금방 삭발한 행자를 보면
얼굴에 광채가 나고 머리가 반짝이며 눈이 초롱초
롱하고 귀여워 보인다. 이제 시작인 것이다.

　삭발식이 끝나면 선행자 중 막내가 할 중요한 일
이 있다. 삭발한 머리카락을 처리하는 일이다. 일

단 세숫대야를 들고 밭으로 간다. 미리 파둔 구덩이에 머리카락을 묻고 『반야심경』을 외운다. 오늘 삭발한 행자가 아무런 장애 없이 흔들리지 않고 행자 생활을 열심히 해 무사히 사미계를 받을 수 있도록 기도를 해주는 것이다. 이러한 의식은 평생 승려 생활하는 동안 해인사를 잊지 못하게 한다. 나의 머리카락을 묻은 곳이기 때문에…….

한편 여행자들의 삭발한 머리카락은 특별한 용도로 썼다고 한다. 해인사 팔만대장경을 인경할 때 먹을 묻히고 한지를 대서 먹물이 한지에 잘 스며들도록 문지르는 것이 있다. 이것을 '마력'이라 부르는데 여행자들의 머리카락은 이 마력을 만드는 데 썼다고 한다. 물론 지금은 그렇게 하지 않고 있지만 머리카락(승가에서는 '무명초無明草'라 칭하기도 한다)을 처리하는 것도 장엄스럽게 하는 곳이 해인사 행자실이다.

어느 삭발일 때의 일이다. 가끔은 삭발식에서 원

주스님이 삭발하는 시늉만 하고 나가시기도 한다. 이때는 행자들이 삭발을 직접 해볼 수 있는 기회이다. 그러면 나머지 삭발은 행자 반장이 한다. 그런데 아무리 행자 반장이라도 몇 번 해보지 않은 삭발은 익숙하질 않다. 이날 행자는 머리에 흉터도 좀 있고 뽀드락지도 몇 개 나 있었던 모양이다. 잘 나가던 삭발에 반장이 "어! 포 떴네" 하며 놀라는 것이다. 돌출 부분을 건드려 출혈이 나서 대야가 벌겋게 물들고 있었다. 삭발하던 속복은 감정에 젖어 눈물 흘리고 있었는데 뚝뚝 떨어지는 핏자국을 보더니 두려워 더 많은 눈물을 흘렸다. 피의 삭발식이 된 것이다.

행자실 입방식

삭발식을 한 날은 저녁 소임을 마치고 행자실에 들어와 두 번째 의식을 치르게 된다. 입방식이다. 입방식은 삭발한 행자가 행자실에 입실하고 대중의 하나로 인정받기 위하여 치르는 의식이다. 선先행자들은 상上행자의 위엄도 보이고 좋은 말로 식구가 된 행자에게 덕담을 해주어 들어오는 행자를 축하해주는 자리이기도 하다.

이때는 조촐하게 차담茶啖이 준비되어 부드러운 분위기에서 진행된다. 입방식에는 가장 중요한 의식이 있다. 선행자들 앞에서 행자 수칙行者守則을 말하는 최종 시험이 기다리고 있다. 이 의식을 위해 부전장은 행자에게 행자 수칙을 일주일 내내 암기하도록 시킨다.

부전장이 외친다.
"행자 수칙을 말씀해주시겠습니까?"
"예불禮佛 철저. 대적광전大寂光殿 앞을 지날 땐 반배半拜. 스님들께 인사 철저. 선배 행자에게 절대복종. 소임, 차수 철저. 스님이 물어보면 반배로써 대답. 삼경 전 취침 금지."

행자 수칙을 통해 군대 같은 해인사 행자실 분위기를 알 수 있다. 행자 수칙을 우렁찬 목소리로 말하고 나면 마지막으로 부전장이 외친다.
"상행자님의 말씀이 있겠습니다."
그러면 반장부터 차례로 하下행자에게 해주고 싶은 당부의 이야기를 한다. 그러나 이 당부의 말도 행자가 많기 때문에 대부분 열 글자를 넘기지 않는다. 지루해지지 않기 위한 행자 상호 간의 약속인 것이다. 상행자부터 차순으로 진행한다. 말하기 전에 먼저 손바닥을 크게 치고 합장 반배 하면서 크게 외친다.

'탁!'

"하심下心 하십시오."

대부분 많이 하는 말들이 정해져 있다. '하심 하십시오, 인욕忍慾 하십시오, 정진精進 하십시오, 성불成佛 하십시오' 등.

그런데 워낙 행자들이 많다 보니 자신의 주관을 넣어서 이야기하는 행자들이 늘어갔다.

"열심히 하십시오, 도망가지 마십시오, 놓아버리십시오, 불퇴전不退轉 하십시오……."

입방식을 마치면 차담과 함께 오손도손 이야기 꽃을 피운다. 차담은 우유나 빵, 요플레, 케이크 등이 나온다. 분위기가 어느 정도 무르익었다 치면

최고참 행자가 남은 차담을 바로 아래 행자에게 넘긴다. 그러면 이 행자는 어느 정도 먹고 다음 행자에게로 넘기고 그렇게 차담은 아래로 아래로 해서 결국 오늘 삭발한 막내 행자에게 차담이 쌓인다. 막내 행자는 이 차담을 남김없이 먹어야 한다. 이것이 입방식의 마지막이다. 꾸역꾸역 넣다 보면 어느덧 차담 시간은 다 지나가고 정식으로 입방식을 마친 행자실 식구가 한 명 느는 것이다.

요즘도 대학에서, 모임에서, 회사에서 신고식이다 환영회다 해서 사회문제화 되는 것을 볼 수 있다. 해인사 행자실의 입방식을 참고한다면 신고식으로 인한 많은 부작용은 사라질 것이라 믿어 의심치 않는다.

행자실 반상회

해인사 행자실엔 반장 이·취임식이 있다. 대부분 반장을 맡으면 한 달가량 소임을 본다. 이·취임식은 부처님께 삼배, 반장님의 말씀, 신임 반장님께 죽비 전수, 신임 반장님의 말씀 등으로 진행된다(행자들의 시선에서 진행되는 의식이기 때문에 진행의 대사는 모두가 극존칭으로 돼 있다).

반장직을 넘겨준 행자('행자 조실'이라 칭함)는 행자실의 모든 소임을 놓고 뒷방으로 가게 되는데 『초발심자경문初發心自警文』과 『사미율의沙彌律儀』,

『천수경千手經』,『반야심경』등 행자 기본 교육에 필요한 과목을 이때 스스로 공부할 수 있다. 행자 교육원을 가기 위해 자유로이 공부할 수 있는 기간이 이 기간이다. 해인사 행자 조실은 큰 행사가 아니면 소임을 시키지 않는다. 하행자들도 행자 조실이 소임처에 들어오면 행자들과 장난이나 치려 들기 때문에(군대의 말년 병장을 떠올리면 된다) 되도록 소임처에는 들어오지 못하게 한다. 그래서 시자들은 이 기간에 암자 순례나 가야산 등반 등을 하면서 소일을 하게 된다. 이 행자 조실은 운 좋은 행자는 길게는 4개월가량 할 수가 있다. 그래서 해인사 행자실에는 '행자 조실은 합천 군수하고도 안 바꾼다'라는 말이 전해온다.

행자 반장 이·취임식이 끝나면 바로 반상회가 이어진다. 이 반상회에서 소임 변경이 이루어진다. 큰방 보조는 큰방장으로, 큰방 막막보조는 큰방 막보조로 한 단계 올라서는 것이다. 그야말로 신분

소임 시작 전 행자실의 반상회.

상승이다. 이렇게 힘든 과정과 소임을 거치면서도
단체생활의 즐거움과 긴장감을 느낄 수 있는 곳.
그래서 해인사 행자실을 해병대와 비유하며 지금
도 많은 행자들이 해인사로 출가하고 있다.

　반상회는 취침 전에 매일 하는데 내일의 공지 사
항과 개개인의 지적 사항을 이야기한다. 그리고 마
지막에 부전장 행자가 큰 소리로 읽는 것이 있다.
바로 행자실의 이정표인 대율사 우바리 존자의 말

씀이다. 이 우바리 존자의 말씀을 끝으로 행자실의
하루는 막을 내린다.

"신심으로써 욕락을 버리고
일찍 발심한 젊은 출가자들은
영원한 것과 영원하지 않은 것을 똑똑히 분간하면서
걸어가야 할 길만을 고고하게 찾아서 가라."

─대율사 우바리 존자 말씀

낯선 행자실 소임

낯선 해인사 행자 생활은 쓰는 용어부터 모든 것이 달랐다. 속가에서 쓰는 속명(이름)을 부르지 않는 것이 원칙이므로 모든 것은 소임 명으로 불렀다. 소임도 다양하고 명칭도 생소해서 외우기도 힘이 들었다.

반장, 부전장(목탁 및 의식 담당), 큰방장方長(그릇과 수저, 발우공양 준비 등 큰방 공양과 관련된 준비를 하는 소임), 공양주供養主(밥, 죽 등 공양을 준비하는 소임), 갱두장羹頭長(국과 찌개를 준비하는 소임), 원주院主 시자(물품 지원부)와 별의 소임으로 뒷방 시자, 속복, 세척장(설거지 대장) 등의 이름이 있다.

큰방간 소임을 보자면 책임 행자인 큰방장, 아래가 큰방 보조, 밑으로 들어오면 큰방 막보조, 큰방 막막보조 등의 이름으로 불린다. 행자가 한창 많을 때는 막막막보조까지 있을 때도 있다.

한 해 단오 체육대회 때의 일이다. 해인사 단오 체육대회의 특징은 승가대학 치문반(1학년)에서 가장 입심 좋은 스님을 아나운서와 해설자로 선정하여 하루 종일 마이크 잡고 해설을 하는 전통이 있다. 체육대회의 쉬어가는 타임에 강원 대표 스님들과 행자들 간의 친선 축구 시합이 진행됐다. 당연히 해설자의 친절한 해설이 덧붙여졌다.

"모처럼 잡은 행자님들의 반격인데요. 길~게 패스한 것이 아! 어느 행자인가요? 큰방장이군요. 큰방장이 드리블해 몰고 갑니다. 한 스님 제치고 슛! 아 어이없이 빗나가는데요. 큰방장님의 어이없는

단오절 체육대회 중 해설을 하고 있다.

킥에 다시 행자들 위기를 맞습니다."

하필 큰방간의 장인 큰방장 행자가 공을 잡는 바람에 본의 아니게 방장이란 이름이 불렸고 해인총림의 어른이신 방장方丈스님과 명칭이 같아 어른스님들과 대중스님들을 당황케 했다.

체육대회를 마치고 산중 임회에서 '큰방장'이란 행자 소임 명칭이 부적합하다 하여 '간상장看床長'

이라 변경하게 됐고 96년 이후로는 간상장이란 소임으로 지금까지 불리고 있다. 이날 이후 큰방장이란 소임은 많은 스님들의 추억으로 기억된 채 해인사의 역사 속으로 사라지게 되었다.

1번 시자

해인사 행자실에는 내부에서 오랫동안 전해오는 이야기가 있다. '행자실 1번은 합천 군수하고도 바꾸지 않는다'는 것이다. 행자실 1번이라 하면 행자실 내 최고참을 이야기한다.

행자는 최소 6개월 이상 생활해야 계를 받고 스님이 될 수 있다. 이렇게 6개월 이상이 돼서 한 기수가 스님이 되기 위해 행자실을 졸업하면 그다음 순서의 행자가 1번 행자가 된다.

앞 기수가 행자실을 떠나면 남은 행자들이 행자

실을 꾸리고 운영해야 한다. 행자실에서 배운 대로 공양과 후원 일을 치러내면서 이어가면 출가 행자가 조금씩 늘어나고 행자실 인원이 어느 정도 늘어나면 순서대로 1번 행자부터 시자실(대기실)로 이동을 한다. 시자실로 빠지면 소임에서 제외가 되고 이때부터 고참 행자 생활을 하게 한다.

이 시자 시절에 『초발심자경문』, 『사미율의』, 『천수경』 등 수계에 필요한 공부도 하고 해인사 암자를 비롯한 가야산 산행을 하면서 여유를 부리기도 한다. 시간이 지나면서 시자들도 조금씩 늘어나고 그 시자 중에서도 1번은 행자실의 허용하는 범위에서 막강한 권력을 만끽한다. 나는 3개월 정도 후원 큰방간 행자 생활을 하다 1번 시자와 함께 시자실로 빠져서 오랜 기간 2번 시자로 있었다. 같은 시자라도 1번 시자의 권한과 위엄은 대단한 것이어서 스님이 되는 수계식 전까지 아니 승려 생활하는 기간 내내 넘지 못할 산 같은 존재로 왠지 1번 시자에게는 살짝 꼬리를 내리게 된다.

하루는 시자실에서 행자들끼리 담소를 나누며 1번 시자의 덕담과 훈계를 듣던 중 조금 큰 소리가 밖으로 나가는 바람에 마침 옆을 지나던 강원 관음 종두鐘頭스님(스님들의 규율을 담당하는 스님)에게 걸렸다. 그 자리에서 경책을 들은 것은 물론 1번 시자에게 저녁 소임을 마치고 관음전으로 오라는 명령이 떨어졌다.

1번 시자는 이후 관음전에 불려 갔고 한 시간 넘게 무릎 꿇고 앉아서 종두스님의 경책을 들어야 했다. 관음전에서 내려온 1번 시자는 초죽음이 되었고 이후 언행은 조심스러워졌다. 이후 계 받으러 가기 전까지 1번 시자는 몇 번을 더 관음전에 불려 갔다, 이런저런 이유로…… 행자들이 꾸지람을 받을 때는 1번 시자가 대표로 참회를 받았다.

나는 옆에서 1번 시자의 분노하는 표정을 여러

번 보았다.

1번 시자 자리를 군수하고 안 바꾼다고? 그런 일은 있을 수도 없지만 굳이 위치의 편안함을 얘기하자면 1번 시자의 우산 속에서 보호받고 있는 2번 시자이다.

벽 보고 앉아 있어!

고등학교 졸업식을 두 달여 앞두고 친구와 함께 처음으로 당구장엘 갔다. 처음 가보는 당구장인지라 설레는 마음도 있고 어른들이 가는 성인오락을 해본다는 마음에 가슴은 두근거렸다. 처음 치는 당구인지라 30을 놓고 배워나갔다. 얼마를 쳤을까! 조금 뒤 경찰 두 분이 당구장에 순찰을 왔다. 이리저리 둘러보더니 앳된 모습이 역력한 우리에게 다가와 주민등록증을 보자고 했다. 고3 말 주민등록증을 이미 발급받았기에 자신 있게 보여주었다. 한

참을 살피던 경찰 아저씨는 "여기는 미성년자 출입금지 구역입니다. 만으로 성인이 안 되었으니 서로 연행하겠습니다".

주민등록증이 있는데도 미성년자라니……. 친구와 나는 너무도 억울했지만 그렇게 경찰 손에 끌려 파출소라는 곳을 갔다. 앉아서 조서라는 것을 쓰고 반성문도 썼다. 이것저것 물어보던 경찰 아저씨는 "저기 가서 벽 보고 앉아 있어!"라고 했고 서너 시간을 그렇게 앉아 있다가 새벽 3시경에 집에 갈 수 있었다. 한겨울 흰 눈이 펑펑 내리는 새벽길을 그렇게 걸었다.

출가를 결심하고 해인사 행자실로 향했다.

원주실 행자와 마주 앉아 해인사 행자실에 대한 소개와 출가 생활에 대한 엄한 규율에 대해 듣고 대기실로 향했다. 대기실은 다름 아닌 속복실이었다.

삭발하기 전 3일간 대기 속복으로 있어야 했다. 상행자가 속복실로 안내하며 말했다.

"가부좌 틀고 벽 보고 앉아 있으세요!"

얼마나 지났을까. 그렇게 두세 시간을 앉혀 놓았다.

소임 시간에는 공양간으로 데려갔다. 다른 행자들이 공양 준비를 할 동안 나를 공양간 쌀 창고로 데리고 갔다.

"차수하고 벽 보고 서 있으세요. 고개 돌리지 말고!"

그렇게 또 서너 시간 벽 보고 서 있는다.

전생에 벽하고 인연이 있었는지 강원에서, 선원에서 수도 없이 벽을 바라보고 있다.

언젠가 저 벽을 뚫고 나갈 날을 기대하며.

내가 어간이다, 이눔아!

    절집의 공양간은 언제나 사람들로 북적거린다. 스님, 신도, 탐방객 등 많은 사람들이 후원 공양을 하며 수행과 생활의 양식으로 삼는다.

    해인사 공양간은 언제나 스님과 신도가 북적이기 때문에 공양하는 자리를 분류하여 배정해놓았다. 공양간 맨 위 선원禪院 스님부터, 강원講院 · 율원律院 · 객客스님, 신도 등 소속된 위치에서 공양을 할 수 있다. 그중 공양간 입구 테이블은 어간御間석이다. 사중 노스님, 주지스님을 비롯한 종무소 소

행자들의 후원 안내.

임자 스님들이 공양을 하는 자리이다.

간혹 해인사를 찾는 객스님이나 외부에서 오신 스님들은 어디에 앉아 먹을지 두리번거리다 이곳 어간석에 앉아 공양을 드실 때가 많다. 이럴 때 행자들이 객스님들의 자리를 안내해준다. 행자들은 간혹 안내할 타이밍을 놓쳐 이미 어간석에 앉아 공양을 시작한 스님은 그냥 공양하게끔 둔다. 이미 숟가락을 들었는데 옮기라고 하면 그것 역시 여간 실례가 아니다.

한 해는 해인사에 큰 행사가 있었다. 종단의 많은 어른스님들이 해인사를 찾았고 공양 시간이 되어 후원으로 밀려들었다.

마침 갓 출가한 초심 행자가 바짝 언 자세로 안내 소임을 보고 있었다. 그런데 사중 어간석에 처음 보는 낯선 스님이 앉아서 공양하는 것이 아닌가.

경력이 붙은 행자라면 오늘 큰 행사니까 외부에서 오신 어른스님이겠지 하며 넘어가는데 이제 갓 출가한 행자는 융통성이 없어 거기까지 생각이 미치지 못했다.

행자가 스님에게 다가가서 한 말씀 드렸다.

"스님, 여기는 어간석입니다. 저쪽으로 자리를 옮기시지요!"

공양하던 스님은 어이가 없어 웃으면서도 고개를 끄덕이시며 공양을 이어갔다.

행자가 다시 한 번 말씀드렸다.

"스님, 여기는 어간석입니다. 저쪽으로 자리를 옮기시지요!"

하니 어간석에 앉아 있던 스님들이 한두 분씩 웃는 것이었다. 참다못한 이 스님이 화난 목소리로 행자에게 한 말씀 하셨다.

"내가 어간이다, 이놈아!"

그 한마디에 행자는 기가 죽어 그만 후원으로 들어왔다. 공양하던 스님은 총무원의 부장급 스님이었으니 얼마나 기가 막힐까. 그러나 초심 행자의 재미있는 실수로 여기고 스님들은 웃어넘겼다. 어쨌든 이 행자는 소임에 충실했을 뿐이었으니까.

2장

끽휴시복

喫虧是福

— 강원 이야기

봄

세상에서 가장

예쁜 계절이다

개구즉착開口即錯* ─늘 푸른 소나무

　얼마 전 《해인》지의 어느 독자분에게서 연락이 왔다. 10여 년 전 수련회를 참여했던 수련생인데 그때 스님의 말씀이 10년이 지나도 잊히지 않고 가슴에 남아 직접 인사드리고 이야기를 나누고 싶다고 하였다. 언제든지 오라는 답을 하고는 잠시 생각에 들었다.

　10년 전이면 편집장을 처음 맡았던 2004년도이다. 수련회 때 강원 습의사習儀師 스님(수련회를 진행

● 입을 여는 것은 곧 집착이다.

하는 승가대학 스님)들이 수업을 들어야 한다며, 현진 스님으로부터 "편집장 스님께서 그 시간대에 진행되는 암자 순례를 맡아 달라"는 부탁이 있었다. 그래서 잠시 땜빵 암자 안내한 것이 전부인데 기억에 남을 일이 무엇이며, 10여 년이 지났는데 내가 《해인》 편집장인 줄은 어떻게 알았으며……

어려운 질문으로 애먹이는 신도가 아닐까 걱정이 됐다.

주말, 전화로 약속했던 신도 분이 왔다.

그분은 2004년 어수선한 마음을 잡으려고 해인사와 송광사 수련회에 참가했는데 4박 5일 동안 많은 것을 배우고 느낄 수 있었단다. 수련회 이후 서울 사찰의 합창단이 인연이 되어 합창단 지휘를 맡게 되었고 최근에는 불교합창대회에서 상도 타고…… 해인사 수련회 이후로 많은 것이 술술 풀렸단다. 오늘 온 것은 그때 암자 순례하면서 내가 했던 말이 가슴에 남아 그 뜻이 지금도 그러한지 묻고 싶다고 했다.

"해인사는 늘 푸른 소나무가 많습니다. 해인사에 눈 푸른 납자들이 늘 서슬 퍼렇게 정진하기 때문에 가야산은 소나무와 잘 어울립니다. 그러나 저는 사시사철 변치 않는 늘 푸른 소나무보다 사계절 자연의 변화를 보이는 활엽수 나무가 좋습니다. 봄이면 새싹이 돋고 여름이면 잎이 무성하고 가을이면 노랗고 붉게 물들며 열매를 맺고 겨울이면 모든 것을 땅에 내려놓고 다시금 봄을 준비하는 그런 활엽수 나무가 좋습니다."

그때 했던 말이 치열한 수행 끝에 얻은 수행의 전환점에서 어떤 감정의 변화를 느끼고 말한 것인지에 대해 확인하고 싶다고 했다.

어쨌든 10년 전 그 말이 생생히 기억났다. 그때는 육조 혜능 스님의 '낙엽귀근落葉歸根(잎이 지면 뿌리로 돌아간다)'이란 말에 꽂혀 생각이 많을 때였고 수련생들 앞에서 뭔가 멋진 말을 해줘야 할 텐데 하며 해준 얘기가 침엽수와 활엽수였다.

10년 후에 와서 그때의 감정을 물으니 대답으로 그냥 웃고 말았지만 오랜만에 옛이야기 나누며 따뜻한 차 한 잔 나눌 수 있었다.

그때의 말을 가슴에 새기고 10년이 지나 확인차 찾아온 분께 감사했지만, 내가 뱉은 말 한마디가 혹 어떤 이에게는 많은 생각을 하게 하고 번뇌를 일으킬 수도 있겠다는 생각이 들어 조심스러워졌다. 어쨌든 '입 열면 착着'이라 했는데⋯⋯ 같은 집착이라도 공부와 인연 지어지는 집착이길 기대해 본다.

빨래 건조대 풍경

　해인사 강원에는 '관음대장'이란 소임이 있다. 관음전觀音殿은 승가대학 1, 2학년이 함께 쓰는 큰방으로 모든 생활이 이루어지는 곳이다. 이 관음전의 대장인 관음대장 소임은 달리 '규율부장'이라 표현하기도 한다. 일도 많아서 스님들의 개인·단체 생활 점검, 모든 울력(문풍지, 모기장, 파초 울력 등)을 지휘하기 때문에 2학년에서 가장 깐깐한 스님을 소임자로 앉힌다.

1995년 여름, 관음대장스님은 그중 가장 엄하기로 유명한 스님이 소임을 맡았다. 아랫반 스님들은 지적을 받지 않기 위해 열심히 생활했으며 하루하루가 긴장의 연속이었다.

하루는 건조대(빨래 너는 곳)에서 문제가 생겼다. 스님들의 속옷들이 널려 있는 건조대에 갑자기 소나기가 내려친 것이다. 비를 어느 정도 맞은 속옷들을 건조대 소임자가 한꺼번에 걷어서 지대방에 갖다 두었다.

오후가 되어 관음대장스님으로부터 속옷 찾아가라는 공지가 떴고 몇몇 스님들은 자기 속옷을 찾아갔다. 그런데 다음 날이 되어도 많은 수의 속옷이 주인을 잃은 채 그대로 지대방에 남아 있는 것이었다. 그 당시 속옷은 100퍼센트 면 소재의 흰색 사각 반바지와 반팔 티 100여 벌을 한꺼번에 먹물 들여 스님들에게 골고루 나누어준 것이었다.

그러니 속옷이 누구 것인지 표시도 안 나고 또

빗물에 젖어서 그런지 많은 수의 스님들이 찾아가지 않았다. 관음대장스님이 노한 것은 당연한 결과였다.

저녁이 되어 관음대장스님의 소집으로 1학년 전체가 불려왔고 관음전에 무릎 꿇고 한 시간여 동안 꾸중을 들어야 했다. 개인 물품을 소홀히 한 것이며, 시줏물을 아끼지 않은 것이며…… 관음대장스님의 일장 연설을 들은 후 남아 있는 속옷은 내 것인지 아닌지도 모르면서 싹 찾아가버렸다.

이후 새로운 풍속이 생겼다. 속옷 상·하의에 개인 이름을 시꺼먼 매직으로 일일이 써넣은 것이다. 그런 후 건조대에는 남겨지거나 버려진 속옷은 없었다.

요즘 학인스님들은 그때와는 많은 변화가 있어 속옷도 화려하고 개성에 맞는 기능성 속옷들을 입어 예전 같은 풍경은 사라졌지만, 그 시절 정말 하얀 면 속옷을 중물 들이듯 먹물로 물들여 단체로 나누어 주었던 그때의 추억이 새롭다. 요즘의 가격만 비싼 속옷들을 입어보아도 그 먹물 들인 면 속옷의 포근함과 부드러움은 착용감에서는 따라오질 못한다. 먹물 들인 속옷을 구하기도 어렵거니와 먹물 들이는 풍경도 사라지는 것 같아 아쉽기만 하다.

무념무상절일체無念無想絕一切[*] ─ 건망증

출가를 한 지 10년이 넘다 보니 많은 부분 변화가 온다. 그것 중 하나는 건망증이다.

물론 나이를 먹은 탓도 있지만 굳이 변명을 하자면 '몸도 마음도 모두 내려놓으라'는 부처님 가르침도 한몫 한다. 거기다 책도 안 보고 일어나는 생각도 지워야 하는 출가 생활에 젖다 보면 자기도 모르게 건망증에 물들고 있는 것이다.

요즘 편집실 통장 관리 때문에 은행을 일주일에

● 생각이 완전히 끊기다.

한 번은 간다. 그때마다 거의 두어 번은 차로 왕복을 한다. 도장을 안 가지고 와서 한 번, 비밀번호 몰라서 한 번…… 돈과 관련된 은행 일이 이럴진대 다른 부분은 오죽하랴. 지혜종자가 많이도 말살된 모양이다.

한 5년 전 해인강원 때 만난, 지금은 제주도의 어느 큰절에서 주지 소임을 보고 있는 강원스님의 얘기다.

해인사는 행사 관계로 많은 신도들이 오가고 이때를 맞춰 스님들은 기금 마련을 위해 연경당硯經堂 옆에서 다라니陀羅尼를 판다. 다라니를 많이 팔아야 넉넉한 강원 생활을 할 수 있기 때문에 스님들은 매우 적극적이다. 이야기하려고 하는 이 스님은 몸이 알래스카 곰같이 스님들 중에 초거구로서 보기만 해도 위압적인 모습이었다. 웬만해선 스님들도 말을 잘 안 건다.

그런데 이 스님에게 한 가냘픈 여학생이 반가운 듯이 인사를 하는 것이다.

"스님, 안녕하세요!"

함께 합장하며,

"예, ……저를 아시나 보네…… 가만 보니 얼굴이 많이 익은 것 같기도 하고……."

잘 기억이 안 나는 눈치다.

순간, 기억을 잘 못 하는 스님 때문에 학생은 당황하는 모습이다.

스님이 물었다.

"이름이 어떻게 돼요?"

"저기…… 저 박미영인데……."

"박미영? 나도 박씨인데…… 미영? 음…… 조카 중에 미영이가 있는데…… 아!"

이제야 스님은 속가의 조카인 줄 알고 반갑게 맞아주었다.

출가한 지 5년째 되는 해의 얘기다.

스님들은 모르는 것이 미덕이 될 때가 많다.

연예인, 최신가요, 정치, 경제 등등 시사 문제와 사회현상에 대해 알아도 모른 척하는 것이 미덕이다. 안다고 또박또박 아는 척한다면 공부엔 영 관심 없는 스님으로 치부되기 때문이다.

모르는 것이, 무관심한 것이 스님들에겐 공부 잘되고 있다는 뜻이 된다.

지금 절 마당에서 마주치는 신도분들과 합장으로 마주하듯.

해인사 스님들만 아는 것 – 조반석지 朝般夕至

해인사는 새벽과 밤에 야경과 감상을 돈다. 야간 순찰이라고 할까.

야경은 새벽과 밤 9시까지, 감상은 더 늦은 시간인 밤 10시에서 11시경에 돈다.

절이 워낙 크고 대중들이 많기에 대중들의 지켜야 할 규율, 단체생활 규범 등을 감시하고 천년을 이어오는 문화재와 성보를 보전하는 일 등, 스님들이 자체 치안 조직을 만들어서 새벽과 밤에 시간을 정해 순찰과 감상을 도는 것이다.

야경을 돌 때는 경쇠(일명 딸랑이)를 들고 각 건물마다의 지정된 장소와 시간에 맞춰 경쇠를 흔들어 준다. 이 소리를 듣고 혹 나쁜 마음을 먹었더라도 고쳐 잡고 악한 마음과 행동을 내려놓으라는 소리로 보내는 메시지인 것이다.

강원에 1학년으로 입방했을 때 필수적으로 전수를 받는 것이 감상 도는 법이다. 새벽 세 차례(오전 3시 10분, 5시, 6시), 저녁 세 차례(오후 6시, 7시, 8시) 시간을 정해 도는데, 돌면서 각 구간마다 켜고 꺼야 할 전등 스위치와 종을 울리는 장소에 대해서 습의習儀를 받는다. 새벽에는 봉황문鳳凰門을 열고 각 전殿마다 외등을 끄며 새벽 시간에 올라오는 사람들이 등산객인지 신도인지를 잘 파악해야 한다. 저녁에는 봉황문을 닫고 외등을 켜며 대적광전과 삼법당 문이 잘 잠겼는지, 아직도 사중에서 내려가지 않은 관광객이 있는지 살피고 하사下寺를 안내해야 한다. 그 와중에서도 시간과 장소에 맞춰서 불을 켜고 종소리를 울리는 것이 중요한 야경 포인트다.

여느 절집도 마찬가지겠지만 예불은 빼먹지 않고 늘 모시는지라 스님들 간에 야경을 제대로 잘 도는지 일부러 감시하지 않고도 서로가 확인할 수 있는 포인트를 아침과 저녁 두 군데에 뒀다. 바로 조석 예불 시간의 조반석지朝般夕至.

야경을 돌다가 어떻게든 시간을 맞춰서 법당에 도착해 새벽(조朝) 예불은 『반야심경』의 '반야般若', 저녁(석夕) 예불은 예불문의 '지심귀명례至心歸命禮'에서 세 번 흔들어주어야 한다. 또 발우공양을 할 때는 첫 번째 죽비 일성에 경쇠를 흔들어야 한다. 다른 곳을 잘 돌아놓고 이때의 타이밍을 놓치거나 약간의 시간 차를 두고 경쇠를 울리면 예불을 하면서 대중 모두가 들었기 때문에 여지없이 선배 스님들의 참회가 떨어진다.

그래서 감상을 돌 때는 다른 곳은 빨리 돌고 서둘러 법당 앞에서 대기하고 있다가 '조반석지'에서 경쇠를 흔든다.

한번은 스님이 야경을 돌다가 나이 드신 노보살을 안내하며 그만 '조반석지' 시간을 맞추지 못했다. 여지없이 윗반스님에게 참회를 받았다. 행은 선행을 했지만 대중들과의 약속은 지키지 못했다는 것이다. 노보살님 안내는 주위의 다른 스님이나 불자들에게 부탁해서 일 처리를 하고 돌아와서 '조반석지'에 맞춰 경쇠를 흔들어야 한다는 것이다. 모두가 그 시간에 그 종소리를 듣고 있기 때문에…… 지극히 맞는 말씀이다.

예불에 집중할 시간에 경쇠 소리가 나는지 안 나는지 일부러 감시야 하지 않겠지만 꼭 빼먹었을 때를 골라내 잡아내는 상판上判스님의 지적에 감탄할 뿐이다.

오늘도 대중스님들은 '딸랑' 하는 야경 소리를 들으며 순찰을 잘 돌고 있다는 안심으로 부처님께 예불을 모시고 있다.

화대 소임자의 비애

강원에는 '화대火臺'라는 소임이 있다. 스님들이 생활하는 큰방을 공부하기 알맞은 온도로 맞추기 위해 보일러 온도 설정과 환기 등의 조절을 담당하는 소임이다. 1995년부터 보일러로 바뀌어 편리해졌지만 예전에는 장작 아궁이를 직접 땠었으니 조금 까다로운 소임이다.

1996년 장작에서 보일러로 바뀐 지 1년 되는 해였던 것 같다. 우리 반에 화대 소임자가 뽑혔다. 열심히 배워가며 소임을 보던 중 하루는 불 조절을 잘못하여 방이 조금 뜨거워졌다. 당연히 윗반에선 그냥 넘어가질 않았다. 우리 반은 운도 없어서 윗반스님만 40명이 넘었는데 개중 지독히도 그것을 꼭 물고 늘어지는 스님이 있었다. 승기 반장이라고나 할까?

"치문반 화대 소임자 스님, 누비 입고 가사 장삼 두 벌씩 수하고 『금강경金剛經』들고 오세요."

도반스님은 죽었다는 표정으로 누비 입고 가사 장삼 수하고 불려갔다. 윗반스님들의 재미있어하는 표정도 보였다. 무릎 꿇고 앉아 이런저런 좋은 말로 경책이 이뤄졌고, 그 자리에서 『금강경』독경하며 한 시간을 시달려야 했다. 방은 뜨거운데 누비 입고 무릎 꿇고 앉아 긴 시간을 독경해야 하는 이 스님의 고충, 짐작하고도 남을 일이다. 땀이 비 오듯 하는데 다행히 경책이 끝나갔다. 상반스님께 인사하고 휘청거리는 다리를 추스르며 자기 책상

으로 돌아가는데 멀찍이서 다른 윗반스님이 다시
부르는 것이었다.

"화대스님, 지금 그 상태로 지대방으로 오세요."

스님이 지대방에 들어가니 웬 이불이 곱게 깔려
있었다.

"스님, 이불에 들어가서 한 시간 동안 누워 있으세요……"

아~ 방도 뜨거운데 친절히도(?) 이불까지 깔아주고 누비 입고 누워 있으라니 주먹만 안 들었지 생사람 잡는 일이었다. 다행히 도반스님은 한 시간 동안 이불 사우나를 무사히 마치고 자기 자리로 돌아올 수 있었다.

다음부터는 화대 소임을 매끄럽게 잘 보는 보일러의 도인이 되었다.

지금이야 이런 고문성 경책은 많이 사라졌지만 해제하고 반 모임 할 때면 재미있었던 추억담을 얘기하며 과거를 추억한다.

아랫반을 경책할 때도 적당한 유머와 육체적 제어를 통해 승려로서 살아가는 기초를 탄탄히 갖추게 한 윗반스님들이 살짝 그리워진다.

부처를 뽑는 선불장 승가고시.

3분三分 정근[*]

갓 계 받고 정신없던 시절, 해인강원 치문반 때인
것 같다.

아직 불교에 대해 서툴고 용어도 잘 이해 못 했
던 시절이다.

스님들이 이야기를 하고 있었다.

"이번 정초 기도 때 대적광전에서 3분 정근한대.
학인들도 다 참석한다는데…… 힘들어서 어떡하

●사찰에서 기도할 때 하루를 아침, 점심, 저녁 3회로 나누어 기도하
  는 것.

지?"

그때 옆에 있던 한 스님이 얘기했다.

"정근 3분 하는 게 뭐가 힘들어. 나는 30분도 하
겠다!!!!"

사다라니 四陀羅尼 *

　여전히 초심이었던 시절, 갓 계 받고 스승님 밑에서 처음으로 법당 기도 들어가 목탁 잡았을 때의 일이다.

　제자는 사시巳時(오전 9~11시) 기도 하면서 정근을 열심히 하고 있었다.

　스승님도 축원을 하기 위해 법당에 들어오셨다.

● 사찰에서 사시불공을 드릴 때 스님이 요령을 흔들며 하는 네 가지 진언.

잠시 후 어디서 전화가 왔는지 스승님이 전화 통화를 하셨다. 스승이 정근을 열심히 하고 있는 제자에게 말했다.

"손님이 와서 그러니 네가 사다라니를 해야겠다" 하고는 급하게 나가셨다.

잠시 후 스승은 손님을 만나고 시간이 남아 마저 예불을 보려고 법당에 들어왔다.

그런데 법당에서 예불을 보고 있어야 할 제자가 사라진 것이다. '이놈이 어디 갔지?' 하며 할 수 없이 스승은 목탁을 잡고 나머지 사시 예불을 드렸다.

예불을 마치고 법당 문을 나서는데 저 멀리서 상좌가 땀을 뻘뻘 흘리며 사다리를 가지고 오는 게 아닌가! 스승님을 보고는 제자가 자랑스럽게 얘기했다.

"스님, 우리 절에 사다리가 없습니다. 그래서 저 옆집 가서 사다리 빌려오는 중입니다······."

3장

미언대의
微言大義

—

선원 정진 이야기

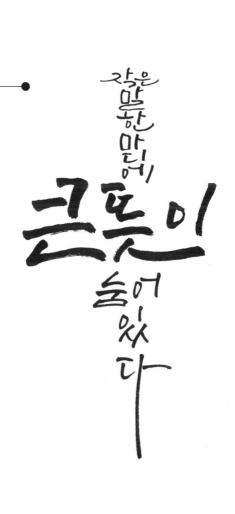

작은 말 한 마디에 큰 뜻이 숨어 있다

향전일소보向前一小步 문명일대보文明一大步

화장실, 해우소解憂所(근심을 푸는 곳).

가장 편안하게 일을 보아야 하는 곳이면서도 사람을 가장 애처롭게 하는 곳이다. 인간의 역사에서 멀리 떨쳐 놓았다가 점점 가까운 곳으로 다가온 문명, 이런 해우소 남자 화장실에는 짧으면서도 명쾌하고 은근히 압력을 가하는 명문구들이 있다.

해인사 남자 해우소 소사小事 보는 곳에는 이렇게 적혀 있다.

"진일보進一步."

선암사仙巖寺 해우소 정면에 걸려 있는 문구,

"대소변을 버리듯 번뇌 · 망상도 미련 없이 버리자".

고속도로 휴게소 남자 화장실에 적혀 있다.

"남자가 흘리지 말아야 할 것은 눈물만이 아닙니다."

어느 카페에는 이렇게 써 있다.

"당신이 저를 소중히 다루시면 제가 본 것은 못 본 것으로 해드리겠습니다."

해인사 본 · 말사 중국 성지순례에서 최고의 표현을 보았다.

"향전일소보向前一小步 문명일대보文明一大步

(당신이 앞으로 내딛는 한 걸음이 문명국가로 가는 큰 걸음이 됩니다)."

向前一小步
文明一大步

용맹정진 1-좌차座次가 바뀐다

해인사는 하안거夏安居, 동안거 결제 기간 동안 전 총림이 동참하는 용맹정진勇猛精進을 한다. 기간은 일주일로, 밥 먹고 청소하는 시간 외에는 정진만 하는 그야말로 용맹정진이다.

비구스님들은 총림 선원에서, 비구니스님들은 각 암자 선원에서, 재가불자들은 원당암願堂庵에서 각각 7일 용맹정진에 든다.

선원에서 하는 용맹정진에는 선원 대중은 물론이요, 강원과 율원, 종무소 소임자도 자유롭게 참여할 수 있다. 그러나 일단 참여하여 정진이 시작되면 중간에 나올 수 없다. 아니, 굳이 나온다면 해인사를 떠나야 한다. 아니면 시체가 돼서 나오거나…….

외부에서 해인강원을 졸업한 스님들을 인정하는 것은 강원의 엄격한 청규와 생활도 있겠지만 결제 기간 동안 용맹정진에 동참하여 선원스님들과 함께 정진하는 것을 아마도 가장 크게 인정하기 때문일 것이다. 강원스님들도 용맹정진에 동참한 스님과 동참하지 못한 스님 사이에는 큰 레벨 차이를 느낀다. 대화가 안 된다고나 할까. 같은 해인강원을 나왔더라도 용맹정진을 한 네 번 이상은 나야 비로소 '해인강원 장판 때 좀 묻혔구나' 하고 인정한다.

해인사 강원을 다니는 대중들은 선원을 한 철도 나지 않았으면서도 선원 정진을 할 수 있는 아주

큰 복을 누렸다. 그러나 이런 용맹정진이 죽기보다
싫었던 스님들은 그야말로 지옥 체험을 하고 오는
그런 기분이었다. 강원에서는 1, 2, 3, 4학년 최소
소임자와 환자를 제외하고는 모두 올라가는 것을
원칙으로 했다. 용맹정진에 올라가기 전에는 늘 주
의사항이 따랐다. 철저한 묵언黙言에 시간 철저, 특
히 쉬는 시간에는 선원 외를 벗어나서 쉬지 말 것
등 여러 준수 사항이 따른다. 그만큼 모두 예민해
지고 날카로워지기 때문이다.

일주일 용맹정진을 마치고 나면 거의 단체 참회나 개인 참회가 뒤따랐다. 일주일 고생하고 내려와서 또 참회받고, 정말 아랫반은 죽을 맛이다. 이유도 다양했다. 쉬는 시간에 떠든 것, 윗반스님에게 죽비를 너무 세게 친 것, 정진 시간에 심하게 존 것 등등 다양한 이유로 참회를 받았다.

한 해 용맹정진에서는 졸지 않았는데 죽비 경책을 했다 하여 선원과 강원이 시비가 붙었고 그로 인해 강주講主스님(승가대학에서의 학장스님을 일컬음)이 책임을 지고 강원을 떠나신 일도 있다. 대중들도 강주스님을 따랐고 강원은 반으로 갈렸다. 또 용맹정진을 마치면 한두 명은 강원에서 보따리를 싼다. 참선의 맛을 봤다나 어쩼다나⋯⋯. 자기가 가야 할 길은 참선이라며 강원을 떠나는 것이다. 이렇듯 용맹정진은 공부하는 학인들에게는 수행의 크나큰 분수령이 되는 전환점이기도 했다.

용맹정진 때 가장 좋은 것은 밤에 죽 공양을 하

는 것이다. 밤 11시 30분에 흰죽이나 잣죽을 끓여 수행의 양식으로 삼는다. 죽 공양 시간에는 정진에 참여하지 않은 주지스님이나 강주스님, 소임자스님들이 격려차 선원에 올라오신다. 한 해는 총무원장을 지내신 지관 큰스님(당시 주지)께서 올라오셔서 대단한 격려를 하셨다. 그 말 듣고는 잠이 싹 달아났다.

"열심히 해서 득도해라. 좌차座次(자리에 앉는 차례)가 바뀐다."

조고각하照顧脚下
자신의 발밑을 잘 살피라. 즉, 밖이 아닌 자신에게서 깨달음을 구하라.

용맹정진 2 – 그래, 한마디 일러라!

1997년, 방장스님(도림 법전 스님)도 용맹정진에 동참하셨다. 방장 취임 후 첫해에 정진에 동참하신 것이다. 보통은 오전, 오후에 들어오셔서 잠시 경책만 하고 내려가셨는데 그해는 일주일을 함께 대중과 정진하셨다. 모든 대중들도 긴장했다. 그리고 기대감 또한 컸다. 평소 '절구통 수좌'(한번 앉으면 꿈적 않고 참선에 몰입하신다 하여 붙은 별칭)로 불리던 분이라서 일주일 동안 어떤 모습을 우리에게 보여주실까 하는 기대였다.

도림 법전道林法傳 스님(1925~2014)

　용맹정진이 시작되고 하루 이틀이 지나갔다. 방
장스님의 정진 모습을 유심히 지켜보았다. 한번
은 조시겠지, 아니면 목이라도 까딱이시겠지, 하며
나의 정진은 어디 가고 방장스님만 살폈다. 그러
다 내가 졸고……. 그리 시간이 흘러 일주일이 지
났다. 결국 방장스님의 흐트러진 모습은 전혀 찾을
수 없었고 절구통 수좌의 진면목을 눈앞에서 느낀
해였다. 그해 용맹정진을 마치고 일상에 복귀하면
서 용맹정진의 무용담으로 지대방 이야기는 꽃을
피웠다.

그해 용맹정진 3일째 되는 날. 이때는 몸도 힘들고 졸음이 가장 많이 찾아온다. 그리고 가장 공포를 느끼는, 이빨 전체가 쑥 빠질 것 같은 아픔을 느낄 때도 이때인 것 같다. 50분 정진을 마치고 죽비 소리에 맞춰 대중들은 포행을 돈다. 포행을 돌면서 경직된 몸도 풀고 졸음도 쫓는다.

스님들은 줄을 맞춰 10분 동안 포행을 도는데 바깥쪽 두 줄은 주행선이고 가운데 줄은 추월선이다. 발걸음이 빠른 스님들은 거의 뛰듯이 가운데 줄을 주름잡는다. 돌다 보니 어느덧 10분이 되어갔고 열중스님(결재 대중을 통솔하는 소임을 맡은 스님)은 죽비를 들고 입선 죽비를 쳤다. 대중스님들은 포행을 멈추고 각자의 자리로 돌아가 앉는다.

그런데 그때 내 옆에 있어야 할 도반 하나가 안 보였다. 살펴보니 내 반대편에서 자기 자리를 못 찾아 비몽사몽 우물쭈물 어쩔 줄 몰라 하고 있었다. 그러다가 대중들이 모두 자리에 앉자 당황한 나머지 그 자리에 털썩 주저앉아버렸다.

    스님이 앉았던 그 자리는 하필 방장스님, 수좌스님(대중들의 수행을 지도하는 스님), 열중스님 등 어른스님들이 앉아 있던 어간석 맞은편이다. 그러니 방장스님과 마주 앉은 격이 된 것이다. 순간 모든 대중들은 긴장했다. 당연히 맞은편 어른스님들도 긴장하신 듯했다. 대중들은 저 강원 초짜 중이 무슨 경계가 찾아 왔나 싶어 입에서 어떤 말이 나올지 궁금해했다.

맞은편 바닥에 앉아서 어리둥절해 하던 스님께 수좌이신 원융 스님이 한 말씀 하셨다.

"그래, 한마디 일러라!"

"……."

"앉았으면 한마디 일러봐!"

"……."

이 스님이 아무 대꾸도 없자 수좌스님이 말씀하셨다.

"빨리 부축해서 자기 자리에 앉히세요."

결국 스님들이 부축해서 초짜 스님은 자기 자리를 찾아 앉았고 다시 정진을 계속할 수 있었다. 소리 내어 웃진 못했지만, 그 시간 정진은 아무 고통 없이 빨리도 지나갔다.

한바탕 해프닝을 하며 대중들에게 큰 긴장과 웃음을 줬던 스님은 지금 해인사 전각殿閣을 맡아 열심히 기도 정진하고 있다.

깨달은 이도 부처님께 절을 합니까?

범어사 선원에서의 일이다.

보제루普濟樓에서 저녁 예불을 마치고 스님들이 안행安行을 하며 선원으로 걸어가고 있었다.

그러자 뒤에 먼발치에서 어느 보살이 큰 소리로 외치는 소리가 들렸다.

"깨달은 이도 부처님께 절을 합니까?"

"……."

바로 이 자리가 수행처

선원에서의 일이다.

한 젊은 스님이 정진 중에 경계가 찾아와서 정신이 오락가락하고 있었다.

선원 분위기가 어수선했다.

이 스님은 웃통을 벗고 박수를 치며 선원 마당을 뛰어다니며 알 수 없는 방언을 해댔다.

스님들이 힘으로 가까스로 진정시켜 지대방에 앉혀 놓았다.

청중 소임을 맡고 있는 스님께서 한 소리 했다.

"스님, 빨리 정신 차려. 큰방 가서 우리 같이 정진
해야지."

이 스님이 바로 받아쳤다.

"가긴 어딜 가. 바로 이 자리가 수행처지!"

행주좌와 어묵동정行住坐臥 語默動靜
걷고 머물고 앉고 눕고 말하고 말하지 않고 움직이고 움직이지 않는
그 모든 순간이 수행의 시간이다.

나 완전히 새 됐어 – 홀딱 벗고 새

절에 살다 보니 늘 자연과 함께하는 즐거움이 있다. 그중 계절을 달리하며 뿜어 나오는 자연의 소리는 벅찬 감동마저 불러온다.

그중에서 일반 새의 울음이 단음인 데 반해 네 가지 음을 한꺼번에 내뱉는 새가 있다. 그래서 한번 들으면 잊히지 않는다. 요즘 어느 코미디 프로에서 연예인 스테파니가 재잘대는 '안녕하세요', '레미파솔라'와 음곡이 거의 똑같아서 새 이름을 '스테파니 새'라 지어도 될 듯싶다.

절에서는 이 새의 이름을 '홀딱 벗고 새'라 부른다. 홀딱 벗고 새의 이야기는 내가 출가했을 즈음 그 전설을 듣게 되었다.

"출가한 애인을 그리워하다가 한으로 복받쳐 절 앞산에서 홀딱 벗고 목매어 죽은 처자가 있었는데, 그 여인이 후생에 몸을 받은 것이 '홀딱 벗고 새'이고…… 아무 데서나 울지 않고 비구스님들 거처하는 절 주위에서만 운다는데…… 그것도 밤에만……."

누가 전설을 만들었는지 참 솔깃하게 한다.

그 새가 '홀딱 벗고' '홀딱 벗고' 울 때마다 맺지 못한 사랑을 그리워하며 울부짖는 여인의 한 맺힌 절규 같아 서글퍼지기도 한다.

같은 새소리를 듣고 전 해인사 학감이자 시인이었던 법장 스님은 「홀딱 벗고 새의 전설」이란 시(월간《해인》1996년 6월호)에서 이렇게 표현했다.

누구에게 무담시 홀딱 벗으라느냐.

그 산엔 '홀딱 벗고' 하고

울다가 가는 새가 있었네.

　(중략)

이상하네! 이상하네!

그놈의 새가 '홀딱 벗고' 하고 울면

겹으로 겹으로 옷을 입은 만큼이나

삼줄 같은 굵은 무엇으로 마음을

칭칭 동여 놓고 벗지 못해서

마음이 막 두근두근거려져.

그놈의 홀딱 벗고 새가……

수도암修道庵 선원에 있을 때의 얘기다. 공양주보
살이 신심이 두터워 스님들께 공양주를 자처하면
서 스스로도 틈만 나면 참선하는 것을 잊지 않았
다. 나에게도 나태하거나 망상으로 일관하고 있으
면 따끔한 일침도 서슴지 않았다. 가끔은 자존심을
건드려서 일부러 피해 다니기도 했다.

어느 날 공양주보살과 함께 포행을 하는데 마침 이 '홀딱 벗고 새'가 지저귀는 것이었다. 나는 자랑스럽게 '홀딱 벗고 새'의 전설을 이야기하며 여자들의 병적인 집착을 은근히 꾸짖었다. 그러자 이 보살이 약간의 비웃음 섞인 미소를 띠며 한마디 했다.

"스님, 저 새는 '홀딱 벗고'라고 우는 게 아니라 '밥만 먹고 똥만 싸고', 이 소리예요. '밥만 먹고 똥만 싸고······.' 저 새가 누구한테 들으라고 하는 것 같은데······."

뭐, 내가 죄지은 것이야 없지만 이날도 내가 진 것 같다.

이렇듯 듣는 사람에 따라서 울음소리가 저마다 다르게 들리며 우리네 귀를 즐겁게 하는 이 새 이름이 '검은등 뻐꾸기'란다. 독자 여러분! 인터넷 검색해서 새소리를 들어보시라. 과연 여러분께는 어떤 소리로 다가올지 기대하면서······.

노처녀 공주님

2001년, 원주 소임을 볼 때의 일이다.

선원이 있기 때문에 식당에서 봉사하며 스님들을 시봉하는 보살들이 많았다. 부처님 시대 수자타가 수행자들을 시봉했던 것처럼.

한 해는 해외에서 오랫동안 있다가 국내로 들어와 후원에서 스님 시봉을 하며 공양주를 자청한 보살님이 있었다. 화가로서 그림도 그리며 제법 넉넉한 생활을 하던 분인데, 잘 아는 스님이 절에서 봉사하면서 마음 좀 닦으라는 말에 단숨에 후원 일을 자청하게 된 것이다.

그런데 이 보살이 나이는 50가량 됐는데 아가씨에다가 소위 집에서 손에 물 한 번 묻혀보지 않은 보살이었다. 그래서 붙여준 별명이 공양주의 '양' 자를 뺀 공주님이었다. 하나하나 배운다는 마음으로 공양주 소임을 보면서 부처님께 마지摩旨(부처님께 올리는 공양)를 올리며 정진하는 스님들 공양을 지어드리라 하여 공양주 소임을 맡겼다. 공양주 소임은 밥을 일단 앉혀 놓으면 시간이 여유가 있기 때문에 채공보살(반찬 담당)을 도와 국이며 찌개, 반찬들을 만드는 데 보조 역할도 하였다.

한 해 여름, 하안거 해제를 하고 후원보살들이 돌아가며 휴가를 가다 보니 이 공주님 혼자 남게 되었다. 이때부터는 당연히 밥과 반찬을 혼자 지어야 했다. 어지간히 고민하며 신경을 쓰는 모습이 안쓰러웠다.

"해제하고 스님들도 많이 없으니 있는 밥에 간단한 찬만 준비해도 돼요."

"스님, 그래도 그렇지, 준비하는 사람은 굉장히 신경이 쓰여요. 오늘 저녁은 뭐로 할까요?"

"자신 있는 것으로 준비하세요. 스님들이 언제 반찬 투정합디까???"

공주님이 한참을 고민하였다.

"스님, 제가 가끔 혼자 있을 때 해 먹었던 건데 내도 될까?"

"걱정 말고 할 수 있는 반찬 내세요. 스님들 반찬 가지고 뭐라 안 합니다."

저녁 시간이 돼서 스님들이 후원에 모여 앉았다. 차려진 상엔 생전 처음 보는 이상한 국과 찌개가 올라와 있었다.

'김국과 토마토 찌개.'

먹는 내내 스님들은 아무 말이 없었고 그저 맹물에 김 가루 풀어 놓은 듯한 김국과 삶은 토마토 찌개를 말없이 먹고 있었다. 이게 도대체 어느 나라 반찬이냐고 투정하면서…….

10년이 지나 서울에 '웰빙식당'이라고 하는 데를 간 적이 있다. 웰빙이다 보니 모두 채식 반찬이었다. 그런데 이 식당에서 낯익은 메뉴를 발견하게 되었다.

'김국과 토마토 된장찌개.'

10년 전 절에 있었던 노처녀 공주님이 그때 이미 10년을 앞서가고 있었던 것이다.

누룽지로 업장을 녹인 승혜 선사 이야기

'수행의 고향' 문경 봉암사鳳巖寺에는 지금까지 내려오는 전통이 있다. 공양만큼은 스님들이 장작을 때어 가마솥에 직접 짓는 것이다. 공양주 소임은 100명이 넘는 대중들의 공양을 지어야 하기 때문에 경험도 있고 신심이 있어야 되어 늘 스님들의 자원을 받아 소임자를 정한다. 이 공양주 소임자가 대중들의 인기를 한 몸에 받을 때가 있다. 점심 공양을 마칠 때 공양주는 가마솥 누룽지를 긁어서 마루에 내놓는다. 그러면 공양을 마친 대중들이 누룽

지 맛을 보기 위해 너도나도 공양간 앞으로 모인
다. 이때의 인기가 최고다.

　한 해 여름 산철의 일이다.

　아침 공양 후 포행을 가는데 도반스님이 후원에
서 누룽지 한 움큼을 얻어온 것이다.

　이야기를 하며 걷다가 봉암사 계곡 다리 위에서
멈춰 섰다. 그러더니 도반스님이 먹던 누룽지를 잘
게 씹어서 다리 밑 계곡에 떨어뜨려 주는 것이 아
닌가.

　왜 누룽지를 계곡에 떨어뜨리냐고 물었더니, 출
가 전에 물고기를 좋아해서 많이 먹었더니 나이를
먹으면서 점점 이와 잇몸이 부실해지고, 그래서 그
원인을 살펴보니 물고기를 많이 잡아먹어서 그런
것 같아 그 업장業障을 녹이려고 물고기에게 누룽
지를 씹어서 보시하는 것이라고 했다. 그리하여 내
생에는 튼튼한 이빨로 태어날 수 있게끔 하기 위해
서…….

그래서 그런지 다리 밑에는 자디잔 토종 물고기들이 스님이 떨어뜨린 누룽지를 먹기 위해 몰려들어 만찬을 벌이고 있었다. 현생에 업장을 녹여 내생을 밝힌다니, 역시 스님다운 발상이다.

그나저나 이빨이 부실하다는 스님이 딱딱한 누룽지를 어찌 그리 곱게 으깼는지 이제 와서 궁금하다.

대중공양

선원이든 강원이든 대중이 모여 정진하고 공부하는 곳엔 신도들이 올린 대중공양大衆供養이 올라온다. 부처님 시대 탁발 걸식에서 시작된 공양은 정진하는 스님들에게 공양을 올림으로써 눈 밝은 수행자가 나와 사바세계를 밝혀주라는 시주들의 기원이 담겨 있다.

그러다 보니 대중공양에는 내용물이 다양하다.

대표적인 것이 과일 공양이다. 생전 처음 본 망고, 한라봉 등을 선원에서 처음 맛보았다. 이상한

향을 억지로 참으며 먹었던 두리안도 처음 맛본 것이 선원 대중 공양물이었다.

절에서는 떡을 많이 먹지만 요즘은 피자와 빵 등이 자주 올라온다.

공양 올리는 분들은 수행자가 먹을 음식이라며 정성을 다해 준비하고, 스님들은 그 공양물을 자양 삼아 열심히 정진한다.

대중공양에는 음식만 올라오는 것이 아니다. 옷을 비롯한 스님들의 의식주에 관련된 공양물이 올라온다. 여름에는 부채, 겨울에는 내복, 사각팬티, 러닝셔츠 그리고 스님들로 인해 유행이 퍼진 발가락 양말 등등의 공양물이 있다.

한번은 이상한 공양물이 올라와서 놀란 적이 있다.

직지사直指寺 선원에서의 일이다. 사각 박스에 잘 포장된 선물이 각자의 좌복 위에 놓여 있었다. 기쁜 마음으로 풀어보던 스님들은 모두가 놀라 황당

한 표정이었다. 박스 안에 든 것은 화려한 색상의 야시시한 여성 팬티였다. 그것도 엉덩이 쪽에 무시무시한 12지신상十二支神像이 띠별로 하나씩 그려져 있는……. 처음 보는 모양의 팬티에 스님들은 호기심 가득 찬 눈빛으로 이리저리 살피기도 하고 어떤 분은 아예 눈조차 마주치지 않고 불쾌해하는 스님도 있었다.

여성 속옷이 공양물로 오게 된 사연은, 평상시 괴각으로 이름난 HG스님과 인연 있는 어느 불자가 팬티 디자인을 했는데 엉덩이 부분에 12지신상을 새김으로써 평소 보지 못하는 디자인으로 파격미를 살리고 남성들로 하여금 여자 친구를 보호하고 있다는 안심하는 마음이 들게 하여 충동구매를 유발하고, 하여 대중에 선보이기 전에 스님들께서 지극한 기도를 해주어 12지신 팬티가 잘 팔릴 수 있게끔 하기 위해 대중공양을 올렸다고 하였다.

스님들은 이야기를 듣고 어쨌든 여자 친구가 있는 남자들은 좋아할 팬티라며 잘되게 기도하였고 공양물로 올라온 팬티는 어부지리로 직지사 종무소 아가씨들 차지가 되었다.

 이런 많은 대중공양과 시주의 은혜에 답하기 위해 공양물을 약으로 삼아 스님들은 각자의 위치에서 오늘도 용맹정진하고 있다.

새벽 정진 중인 수련생들.

잘못했습니다

    스님들은 보름에 한 번씩 삭발을 한다. 처소에 따라서 다르지만 해인사 같은 경우는 일주일마다 하고, 어떤 처소는 열흘에 한 번씩 한다.

    요즘은 소임을 보기 때문에 삭발을 늘 혼자 한다. 면도기가 3중 날, 4중 날로 잘 나오기 때문에 혼자 해도 상처 하나 없이 깨끗이 잘 깎인다. 그러나 대중처소에서는 늘 스님들이 서로를 깎아준다. 혼자 삭발을 하게 되면 독각獨覺이 되어 중 생활 오래 못 하고 속퇴한다는 속설이 있기 때문이다.

해인사 행자실에서 삭발을 배운 나로서는 그때 익힌 삭발 의식이 지금까지도 기억 속에 남아 있다. 삭발해주는 사람이 삭발기를 잡고 "삭발하겠습니다"라고 외치면 삭발받는 사람은 "성불하십시오"라고 외친다. 삭발해주는 스님이 삭발을 다 마치고 나면 "삭발을 마치겠습니다"라고 한다. 무명초를 깎아주었다는 고마움과 늘 수행의 도반으로 함께해서 감사하다는 마음의 표현인 것이다.

2000년도 김천 수도암 살 때 일이다. 수도암 선원은 삭발일이 되면 하판下判스님들은 삭발 준비를 한다. 큰방에 수건을 10개 정도 바닥에 깔고 그 위에 따뜻한 물을 담은 세숫대야를 차례로 놓는다. 어른스님들부터 세숫대야 앞에 앉으면 하판스님들이 어른스님의 머리를 삭발한다. 그때 나는 가장 어른이신 선덕스님(선원 대중스님들 가운데 연세가 많고 덕이 높으신 스님)을 삭발하게 됐다. 해인사 행자실에서 배운 대로 "삭발하겠습니다" 외치고 삭발을 시작했다. 어른스님의 머리라 잘못하면 큰일이다 싶어 긴장하면서 삭발을 시작했다. 다행히 상처없이 삭발을 무사히 마치면서 큰 소리로 외쳤다.

"삭발을 마치겠습니다!"

점심 공양을 마치고 내가 삭발해드렸던 선덕스님께서 한 말씀 하셨다.

"요즘 젊은 스님들은 내려오는 전통을 무시하는 것 같아요! 어른스님 삭발을 해드릴 때, 마치고 나면 '잘못했습니다'라고 했는데 요즘 스님들은 그것을 잘 안 지켜!"

나는 해인사 행자실에서 배운 대로 했는데……그것은 해인사만의 전통이었다.

어른스님들에게 내려온 전통은 "잘못했습니다"였다.

삭발을 잘못해 "잘못했습니다", 어른스님 머리를 잡고 해 "잘못했습니다", 삭발염의削髮染衣하고 아직도 어리석음에서 헤매어 "잘못했습니다".

　선덕스님, 전통을 잘 알지 못해 "잘못했습니다".

잘못했습니다.

신창원이 나타났다

지난 1999년은 신출귀몰 신창원 때문에 사회가 깜짝 놀랐었다. 97년 감옥을 탈옥한 신창원은 2년여 동안 감쪽같이 경찰을 따돌리며 전국 각지를 돌아다녔고 지역마다 여러 흔적을 남기기도 했다. 지금 이야기하는 것은 신창원이 검거되기 전의 일이다.

진성 스님이란 분의 이야기이다(진성 스님이 전국에 하도 많아 실명을 거론해도 무난할 듯싶다).

진성 스님은 제방을 다니며 정진하는 선원 수좌

로, 그날도 오대산 상원사上院寺에 가기 위해 버스에서 내려 국립공원 매표소를 걸어서 지나갔다. 매표소 직원들과 눈인사를 하고 길가에 늘어선 전나무 길을 한가로이 걸어가고 있었다.

매표소에서 절까지 거리가 꽤 있어 조금 걷다 보니 다리가 아파왔다. 그래서 지나가는 차가 있으면 세워서 함께 타고 가야지, 하는 생각에 뒤를 바라보며 걸어갔다. 마침 다행히도 경찰차 한 대가 사이렌을 울리며 지나기에 세우니 친절히도 스님을 태워주었다.

"가봤자 앞이 월정사月精寺인데 절에 뭔 일 있는가요?"

"아, 예! 신고가 접수됐습니다. 글쎄, 신창원이 나타났다는데요!"

"신창원이, 절에요?"

"예, 한 20분 전에 매표소를 통과했다고 매표소에서 신고가 들어왔습니다. 글쎄 승복을 입고 승려로 위장을 했답니다."

스님으로 위장했다기에 궁금해서 어떻게 생겼냐고 다시 물었다.

"머리를 깎고요. 승복을 입고 수염이 덥수룩하니 안경까지 썼……."

얘기하던 경찰관이 스님을 쳐다보며 얘기하다가 말을 멈추었다. 스님과 경찰 사이에 잠시 어색한 침묵이 이어졌다. 잠시 생각에 잠겼던 진성 스님이 말을 이었다.

"아무래도 정황으로 봐서 매표소 직원이 신고한 신창원이란 사람이 나를 보고 신고한 것 같은데……."

잠시 차를 갓길로 세우고 스님은 신분증과 승려증을 경찰에게 보여주며 신원 확인을 하였다. 경찰 아저씨는 미안한지 상원사까지 경찰차로 호위해주며 꼭 성불하시란 인사까지 하였다.

몇 개월 뒤 신창원이 잡혔다는 소식이 들렸다.

지금도 주목받는 사건이 터질 때마다 수배 전단

이 뿌려지고 관공서 벽마다 변장 가능한 몽타주 10여 가지를 합성한 사진이 붙는다. 그곳에는 단골 메뉴로 승복에 가사 장삼까지 걸친 승려 사진이 빠짐없이 들어가 있어 씁쓸할 때가 많다. 마치 스님이 죄인처럼 여겨지기 때문이다.

공양금 보냈소!

결제結制(스님들이 여름, 겨울 3개월씩 공부(안거安居)에 드는 일) 중에 주지를 살고 있는 어느 스님께 수좌 도반이 문자를 보내왔다.

"송장을 끌고 다니는 이놈은 누구인고……."

주지스님은 은근히 약이 올랐다.

'지가 나한테 법거량法擧揚(스승이 제자의 수행 상태를 점검하는 방법)을 해? 공부를 하면 얼마나 했다고…….'

문자로 답장을 했다.

"동쪽에서 달이 뜨고 서쪽에서 해가 지는 일이다."

그러자 수좌 도반의 답장이 왔다.

"닥쳐!"

이 이야기를 며칠 뒤 다른 도반에게 해주었다.

그러자 그 도반은,

"그렇게 답장을 쓰니 그런 답이 돌아오지. 나한테 다시 문자 보내봐."

문자를 보냈다.

"송장을 끌고 다니는 이놈은 누구인고……."

이런 대답이 돌아왔다.

"공양금(결제 중인 대중스님들의 생활·치료·거마비 등으로 쓰이는 보시금), 통장으로 보냈소."

당신이 웃으면
나도 좋아

당신이 웃으면
나도 웃어요

Calligraphy by 🅡

4장

일자포폄
一字褒貶

— 해인사 이야기

글자하나가
사람을
이기도
하고

굴살
리

기도한
다

총림의 설

총림叢林(스님들의 종합대학)의 설 풍경은 여느 절
집과 비슷하지만 규모 면에서는 큰 차이가 있다.

까치설인 섣달그믐에 먼저 묵은세배를 드린다.
묵은세배란 설 하루 전날인 그믐날에 한 해를 잘
보낸 것에 대해서 모든 전각의 부처님께 감사의 인
사(절)를 드리는 것을 말한다.

그믐날 오후 4시에 해인사 장경판전藏經板殿 법보
전法寶殿에서 시작하여 해인사 입구 비석거리까지,
주지스님 이하 소임자들이 함께 세배를 드린다. 한

해 건강하게 해인사를 잘 보살펴주신 모든 은혜에
감사드린다는 의미이다.

설이 되면 새벽 3시 모든 대중이 대적광전大寂光
殿에 모여 통알通謁(사찰에서 하는 신년하례식으로 새해
첫날 석가모니불을 비롯한 삼보와 호법신중, 대중에게 드
리는 의식)을 올린다. 노전스님의 선창으로 "통알이
요!"라고 외치고 과거·현재·미래 부처님과 불법
을 일으킨 모든 보살과 16성·독수성·오백성, 다
음으로 해인사를 창건한 순응順應·이정利貞 스님
과 해인사를 중창하신 모든 스님들에게 예불을 올
리는 의식이다.
예불을 마치면 스님들은 각 전각을 돌며 부처님
께 신년 세배를 드린다. 그러면 새벽 일정은 마무
리된다.

아침 6시 떡국 공양을 마치고, 8시에 대중들은
다시 대적광전에 모인다. 모든 대중이 함께 어른스

님들께 세배를 하기 위해서이다. 제일 먼저 산중 어른이신 방장스님께 세배를 드린다.

다음으로 산중 노덕스님, 중진스님, 비구스님, 다음으로 비구니, 사미, 사미니가 세배를 한다.

마지막으로 행자와 신도들이 세배를 한다. 이렇게 대적광전에서 세배를 마치면 큰방인 관음전으로 이동한다. 세배를 했으니 어른들께 세뱃돈을 받는 시간이다.

방장스님을 비롯한 어른스님 20여 분이 어간에 좌정하시고 미리 준비한 빳빳한 천 원짜리 신권을 들고 준비하신다. 그러면 스님들은 줄지어 차례대로 어른스님들 앞으로 가 세뱃돈을 받는다. 그렇게 한 바퀴를 돌고 나면 20여 장의 세뱃돈이 손에 주어진다. 발 빠른 스님들은 한 바퀴 더 도는 경우도 있다.

이렇듯 총림의 설은 많은 대중들이 함께 모여 부

처님과 어른스님께 예불드리는 것으로 시작해 어른들의 덕담과 훈훈한 세뱃돈으로 마무리된다. 개개인이 찾아가는 것이 아니라 모두가 한자리에 모여 맞이하고 예경禮敬하는 것이다.

이 모든 것이 대중 생활을 가장 우선시하는 승가의 전통 가풍이 아닌가 싶다. 지금까지도 해인총림은 승가의 전통과 가치를 최우선시하며 아름다운 설 전통을 지켜가고 있다.

열공중.

스님을 찾습니다

해인사 장경각藏經閣은 세계문화유산인 팔만대
장경八萬大藏經판을 모셔 놓은 장경 법당이다. 세계
문화유산이기 때문에 관리하는 데 많은 사부대중
四部大衆이 공을 들이고 있으며, 그 중심에는 늘 장
주 스님이 계신다. 나이가 지긋하셔서 현대 물질 ·
문화와는 거리가 먼 그런 분이시다. 특히나 젊은
스님들이 차를 타고 다니든지 핸드폰을 들고 다니
는 것은 용납을 안 하신다. 당신이 지내오신 젊은
시절과는 너무도 판이하기 때문이다.

그런 장주 스님께도 변화가 생겼다. 활동공간이 넓은 해인사에서 스님을 쉽게 찾을 수 없자 신도분께서 핸드폰을 사드린 것이다.

현대문화의 산물인 핸드폰을 장주 스님께서 쉽게 알 리가 없었다. 번호를 누르고 다시 통화 버튼을 눌러야 하는 핸드폰의 번거로움이란 노스님에겐 여간 성가신 것이 아니다. 그래서 사용법을 옆방에 사는 장경 법당 1000일 기도 스님인 진우 스님에게 수시로 물어보신다. 진우 스님의 친절한 가르침에 어느덧 장주 스님은 핸드폰 사용법을 익혀 가고 있었다.

그러던 어느 날, 어렵게 구한 장주 스님 핸드폰에 전화가 온 모양이다. 1000일 기도 중인 장경각 진우 스님에게 장주 스님께서 씩씩대면서 급하게 찾아오셨다. 급하신 성격의 노스님이 풀리지 않는 문제가 있었는지 화가 많이 나신 모양이다.

"진우 스님, 자꾸 모르는 '중'이 전화가 오는데

'부재'가 누구야! 스님 알어? '부재'라는 중이 자꾸 전화가 오는데 이거 어떡해야 해?"

　진우 스님은 장주 스님의 성격을 잘 아는지라 차분히 말씀을 들었다. 핸드폰에 '부재'라는 이름이 뜬다는 것이다. 진우 스님이 핸드폰을 보자고 하자 장주 스님께서 핸드폰을 보여주었다. 언제 왔는지 모를 전화 메시지가 적혀 있었다.

　"부재중 전화 003통."

해인사 소리蘇利길

2012년 고려대장경高麗大藏經 조성 천 년을 맞아 해인사는 많은 국제행사를 계획하고 있다.

한 달 앞으로 다가온 '세계문화축전'과 세계인의 미술 축제인 '해인아트프로젝트' 등 굵직한 국제행사 두 개가 해인사에서 벌어진다.

그중 소리 없이 진행되는 주목할 만한 작업이 있다. 그 옛날 선조들이 걸었던 옛길인 홍류동 계곡 길의 복원이다. 가야면 주 행사장에서 출발하면, 지금은 없어지고 표식만 있는 무릉교를 지나 해인사까지 이르는 6킬로미터의 홍류동 계곡 길이 '친환경적 테마 로드'로 조성되는데, 수려한 가야산과 홍류동 계곡의 정취를 느끼며 자신의 삶을 되돌아볼 수 있는 명품 길이 될 것이다.

해인사에서는 총림 대중들에게 계곡 길의 이름을 선정하기 위해 거액의 상금을 걸고 공모를 하였다. 계곡 길 이름 공모에는 기상천외한 이름들이 다양하게 올라왔다.

해인사 홍류동천 테마길, 홍류혜윰길, 해인이가 걷는 팔만대장경 둘레길, 마중길, 솔향기개울길, 고운오솔길, 걸어가야로, 해인에코길haein eco road, 해인법대로 등 관심이 뜨거워서인지 백여 개가 넘는 길 이름이 추천되었으며 최종적으로 '해인사 소리길'이 당선되었다.

"해인사 소리蘇利길."

'소蘇' 자는 '소생하다, 쉬다, 되돌아오다, 죽음으로부터 소생하다'라는 뜻이 있고 '리利'는 '화합하다, 통하다'의 뜻이 있다.

현상적인 '소리'의 의미는 우주 만물이 소통하고 자연이 교감하는 생명의 소리이며, 언어적으로는 극락·천당 등 우리가 추구하며 가고자 하는 이상향을 나타낸다.

소리길은 나와 가족, 사회, 민족이 화합하는 소통의 길이며 우리가 추구하는 완성된 세계를 향해 가는 깨달음의 길인 것이다.

천 년 전 수많은 시인, 묵객들이 거닐며 사유하고 때론 은둔하며 아름다운 자연을 노래하고 평화로운 세상을 꿈꾸었던 곳, 홍류동천紅流洞天.

무릉도원으로 들어가는 관문인 무릉교를 시작으로 멱도원覓桃園(가야면 해인중학교 부근 : 가야산의 무릉도원을 바라보는 자리), 축화천逐花川(홍류동을 따라 내려오는 꽃잎을 따라 올라간다는 의미), 명월담明月潭(밝은

해인사 소리길 농산정 구간.

달이 드러나는 못), 칠성대七星臺(일곱 명의 성씨가 새겨 있는 바위), 체필암洗筆岩(붓으로 먹물을 찍는 형태의 바위), 음풍뢰吟風瀨(바람이 노래하는 여울), 취적봉吹笛峰(홍류동 독서당 뒷산 능선 : 신선이 남쪽을 향해 피리를 부는 모습), 완재암宛在岩(광풍뢰 남쪽 물속 : 구부정하게 움푹 패인 바위), 광풍뢰光風瀨(제월담 하류 : 빛을 머금은 바람이 춤추는 여울목), 제월담霽月潭(분옥량 아래쪽 : 구름이 걷혀 밝은 달이 못에 드러나는 곳), 분옥량噴玉樑(뿜어내는 물방울이 구슬과 같다는 의미), 낙화담落花潭(홍류동 계곡 중 가장 깊은 소沼), 낙화암落花岩(첩석대 아래쪽), 첩석대疊石臺(회선암 아래쪽에 있음), 회선암會仙岩(첩석대 위편 : 신선이 노니는 바위), 치원대致遠臺(최치원의 둔세시遁世詩가 새겨 있는 바위) 등.

산과 계곡, 물속의 바위까지 이름을 붙여 천 년 전에도 아름다운 곳으로 지정되었던 홍류동 소리길의 명소를 하나하나 찾아가는 그날을 생각하니 벌써부터 가슴이 뛴다.

길 이름 공모에 나도 신청하였다.

'팔일이오팔길.'[*]

떨어졌다. 이름이 길다고……

● 팔만대장경판 총 수가 81,258장이다.

풍경소리

도림사

절에서 사시미?

절에서는 한자를 많이 쓰고 채식으로 공양을 하기 때문에 바깥 음식과 이름을 빗대어 요리 이름을 부르는 경우가 있다. 이때의 요리나 음식 이름을 전문가들은 인정하지 않지만 스님들끼리만 통하는 요리 이름으로 듣기만 해도 침이 스륵 돈다.

예를 들어, 표고버섯 등에 십자로 칼집을 내어 소금 간을 하여 구워 먹으면 '표고 소금구이', 표고와 피망 등 갖은 재료에 고춧가루와 고추장으로 양념을 하여 볶아내면 '불표고', 버섯을 밀가루에 튀겨 중국요리에 나오는 탕수 소스를 만들어 찍어 먹으면 '탕수이표'. 이같이 공양을 함에 있어 맛있는 요리 이름을 붙여 혀뿐 아니라 눈과 귀, 입, 코 등 오감을 이용한다.

하루는 절에서 점심 공양하러 가던 길이었다. 공양을 미리 마치고 나오던 도반스님이 점심 메뉴로 '사시미 초밥'이 나왔다며 흥분했다. 평소 농담을 자주 하던 스님이기에 도대체 뭘 얼마나 웃기려고 저러나 하며 실없어했다. 당연히 농담으로 생각하고 도대체 뭘 보고 도반은 사시미를 떠올렸을까 기대하며 공양간에 갔다. 식탁 위에 밥과 네 가지 반찬, 그리고 국과 찌개가 가지런히 놓여 있었다.

어딜 봐도 사시미를 떠올릴 만한 내용이 없었다. 유부초밥이 나왔나 하고 살펴봤지만 유부초밥도 없었다. 이상하다 생각하며 메뉴판을 보는 순간, 아!

그날 밥과 국의 내용을 알려주는 메뉴판에 이렇
게 써 있었다.

"금일 사시미밥."

한자로 쓰면 "今日 巳時米밥."

완전히 풀어보면 "오늘 점심 쌀밥."

산은 산이요……

내가 삼십 년 전에 참선하기 전에는
산은 산이고 물은 물로 보았다.
그러다가 나중에 선지식을 친견하여 공부에 들어서니
산은 산이 아니고 물은 물이 아닌 것으로 보았다.
지금 편안한 휴식처를 얻고 나니 다만 산은 산이요
물은 물로 보인다.
그대들이여, 이 세 가지 견해가 같은 것이냐?
다른 것이냐?

중국 송나라 청원 유신青原惟信(?~1117) 선사가 제자들에게 한 법문 내용이다.

그 뒤 1981년 1월 20일, 대한불교조계종 종정으로 취임한 성철性徹(1912~1993) 스님께서 취임 법어를 내놓으셨다.

원각圓覺이 보조普照하니 적寂과 멸滅이 둘이 아니라
보이는 만물은 관음觀音이요
들리는 소리는 묘음妙音이라.
보고 듣는 이 밖에 진리가 따로 없으니
시회대중時會大衆은 알겠는가?
산은 산이요 물은 물이로다.

그 뒤로 이 법어는 대중적 유명세를 타며 불교를 대표하는 명구로 자리 잡았다. 그 유명세는 지금도 이어지고 있다.

대한불교조계종에서 판매하는 생수의 상호이다.

산은 산이요 물은 감ㅐ이로다.

그러나 이 모든 것을 뒤집어버리는 명구가 있었
으니, 그것은 어느 식당에서 본 메뉴판이었다.

산은 산이요 물은 셀프입니다!

《해인》지와 보현 스님

월간 《해인》이 창간된 것은 1982년 3월의 일이다. 중·고등부 학생회 지도 법사를 맡고 있던 현장玄藏 스님께서 학생들을 지도하기 위한 포교용 회지로 시작한 것이 월간 《해인》의 출발이었다. 당시 포교 현장에서 월 회보를 발행한다는 것은 재정적으로나 현실적으로 매우 어려운 형편이었고, 발행한다 하더라도 복사나 마스터˚ 정도로 인쇄하면 그것마저도 훌륭한 회보가 되었을 시절이다.

● 단색 출력물로 정밀도가 낮은 편이며 가격이 저렴한 인쇄 방식.

그런데 월간 《해인》은 아트지라는 고급 종이에 활자 인쇄로 8페이지를 갖추었고 내용도 당시 조계종정을 맡고 계셨던 성철 큰스님의 법문이나 벽화 이야기, 법구경 등을 담은 올 컬러의 고급스러운 회보였다. 학생 회보라기보다는 월간지 형태의 시대를 앞서가는 명품 회보가 탄생된 것이다.

당시 지도 법사였던 현장 스님은 이 좋은 회보를 보현암普賢庵에 있는 보현 스님께 보여드리고 조언도 구하면서 자랑도 할 겸 찾아뵈었다.

보현 스님은 누구인가.

일찍이 경주 사대부의 유복한 집안에서 태어나 모든 신학문을 마친 비구니스님이었으며 이화여대를 다니면서는 시자(요즘의 보디가드)를 데리고 학교생활을 했을 정도로 포스가 대단하였다. 이런 분이 세간인연이 다하여 출가를 하였고 해인사 보현암에서 수행하고 있었다. 현장 스님은 그런 스님께 제일 먼저 보여드리고 인정을 받고 싶었다.

《해인》지의 표지들과《해인》에 실렸던 성철 큰스님의 글.

처음 발간된《해인》지를 들고 스님을 찾아갔다.

"스님, 이번에 청소년 포교용으로 월 회보를 발행했는데 한번 봐주시소."

《해인》지를 받아본 보현 스님은 대단히 놀라고 감탄하며 말하였다.

"아이고, 감사합니다, 부처님. 이렇게 귀한 책을……. 감사합니다. 나무 관세음보살 마하살. 너무 보기 좋습니다. 너무 잘 만들었습니다. 나무아미타불 관세음보살……."

보현 스님은《해인》지를 쓰다듬으면서까지 칭찬을 아끼지 않으셨고 너무도 귀하게 여기시는지라 현장 스님은 몸 둘 바를 모르면서도 내심 기뻤다.

"스님, 그렇게《해인》지가 잘 만들어졌습니까?"

잠시 침묵이 흐르더니 보현 스님께서 말씀하셨다.

"이래야 똥딱개가 안 되지요. 이래야 똥딱개가 안 되지……."

화장실에 휴지가 귀하던, 웬만한 종이는 가위로 절단되어 해우소로 직행하던 시절, 노비구니스님은 부처님 말씀이 인쇄된 종이가 해우소로 직행할 것을 안타까워하시며 《해인》지에 성스러운 기운을 불어넣어 주셨던 것이다.

요즘에야 똥딱개로 쓰이진 않겠지만 가끔 사찰에서 화장실에 《해인》지가 놓여 있는 것을 본다. 그럼 어떠하랴! 똥딱개로 쓰지 않고 화장실에서라도 읽어주기만 한다면 그것으로 감사한 것을……

삼본 화엄경

'2011년 대장경세계문화축전'이 성황리에 진행될 무렵 홈페이지를 통해 질문이 하나 올라왔다.

축전 전시장 중 대장경 수장실에 전시돼 있는 대장경판의 설명문에서 한자가 잘못 표기된 것 같아서 문의한다는 내용으로 "대방광불화엄경변상도 진본"에서 '진' 자가 '진나라 진晉' 자가 아닌 '참 진眞' 자를 써야 되는 것 아니냐는 질문이었다.

참으로 날카로운 질문이었다.

　　대장경 모조품이 아닌 고려시대 팔만대장경 진
품이라고 할 때는 '참 진眞' 자를 써야 한다. 그러나
축전장에 전시된 설명문은 경판의 분류를 표시한
설명문이어서 공부를 한 사람만이 알 수 있는 내용
이었다.

　　"대방광불화엄경大方廣佛華嚴經 변상도變相圖 진본
晉本."

　　그 내용은 중국의 동진東晉시대 불타발타라가 번
역(418~420)한 화엄경에서 변상도를, 고려시대에
목판으로 새긴 화엄경 변상도라는 내용이다.

화엄경 변상도의 모본母本을 무엇으로 삼았냐는 출처를 설명한 것이었다.

화엄경에는 세 종류가 있다. 진본晉本은 동진 불타발타라가 번역한 60권의 화엄경, 주본周本은 당나라 때 실차난타實叉難陀가 번역(695~699)한 80권의 화엄경, 정원본貞元本은 당나라 반야般若가 완역(795~798)한 화엄경을 뜻한다.

이를 '삼본三本 화엄경'이라 칭한다.

관람객의 예리한 질문으로 어설프게 알고 있던 화엄경 변상도에 대해서 자세히 알 수 있는 계기가 되었다.

2013년 9월에 다시 한 번 대장경세계문화축전이 열린다. 세계적인 축전을 준비하는 사람은 물론 관람하는 관객도 모두 예리하게 관찰하고 학습함으로써 우리의 소중한 문화재를 알아갈 수 있는 계기가 되었으면 한다.

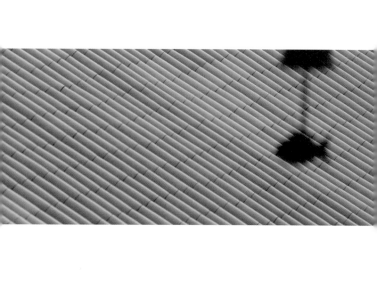

잠은 잤는데 하진 않았어요

"여보세요. 아! 정 작가, 물어볼 게 있는데 그 ○
○ 스님 했어, 안 했어?"

"안 했는데요!"

"저번에 얼핏 했다고 한 것 같은데……."

"아니요. 안 했어요."

"그 절에 가서 저녁 일몰도 보고 잠도 잤다며?"

"잠은 잤는데 하진 않았어요."

"잠은 잤는데 하진 않았다고?"

"예, 확실히 안 했어요."

"알았어요. 잠은 잤는데 확실히 안 했지?"

"예, 안 했어요."

"알았어요."

무슨 대화일까? ○○ 스님 취재를 했냐고 물어보는 편집장과 여기자의 대화 내용이다. 이 통화 내용을 누가 옆에서 듣는다면 괜한 오해의 여지가 있을 것 같다. 살을 붙여서 통화 원문을 보겠다.

"여보세요. 아! 정 작가, 물어볼 게 있는데 그 ○○ 스님 우리 회지에 취재했어, 안 했어?"

"취재 안 했는데요!"

"저번에 얼핏 취재했다고 한 것 같은데."

"아니요. 안 했어요."

"그 절에 가서 저녁 일몰도 보고 잠도 잤다며?"

"다른 절 취재하러 가다가 들러서 스님하고 차 마시고 잠도 잤는데 취재하진 않았어요."

"잠은 잤는데 하진 않았다고?"

"예, 확실히 안 했어요."

"알았어요. 잠은 잤는데 취재는 확실히 안 했지?"

"예, 안 했어요."

"알았어요."

정확히 확인되지 않은 정체불명의 소문과 괴담에 휩싸여 구설에 오르는 경우가 요즘 들어 많이 일어난다. 특히 종교에 몸담고 있는 수행자라면 이런 일에 많은 공감을 할 것이다.

스님들끼리 공양 중 통화하던 스님의 이야기를 듣고 가볍게 꾸며보았다.

'여시아문如是我聞(나는 이와 같이 들었다)' 아난존자처럼 정확한 이해와 기억을 하지 않고는 함부로 남의 일을 입에 오르내려서는 안 될 일이다.

이름 속에 대안 있다

*

스님들은 이름으로 인한 에피소드가 많다. 그중에는 이름으로 가르침을 줘 제자에게 공부의 열정을 불어넣기도 한다.

혜묵慧黙이란 스님이 있었다. 공부에 눈이 열리지 않고 말썽만 피우는 스님에게 강주스님이 한 말씀 하셨다.

"혜묵慧黙이는 혜慧가 묵黙한거야, 묵黙이 혜慧한거야?"

*

　하루는 주지스님께서 국장스님들을 모아놓고 공석空席인 별좌 소임에 대해 한 말씀 하신다.

　"별좌스님이 며칠째 공석으로 있는데 빨리 대안을 만드세요. 대안 없이 계속 갈 수는 없으니까 별좌스님에 대한 대안을 마련하세요."

　"스님, 대안은 선원에 있는데요."

　"무슨 말이에요?"

　"선원에 대안 스님이라고 정진하고 있습니다."

　이후 선원에 정진 중이던 대안 스님은 주지스님의 호출로 사중으로 내려와 지금까지 소임을 보고 있다.

정해년 돈피豚皮 이야기

    정해년丁亥年 돼지해의 날이 밝았다. 해마다 신년호에 그해 12간지 동물의 멋진 그림을 싣고 그에 맞는 새해 덕담을 실었지만 참으로 돼지는 그런 그림을 찾기가 힘들다.

    그래서 올해는 그림으로는 포기하고 돼지에 대해 지난해 일어났던 재미있는 이야기를 하나 소개하는 것으로 정해년을 시작하려 한다.

    살다 보면 의외의 쓰임에 놀랄 때가 많다. 얼마

전 법요집 편찬 일로 부지런히 대구를 오간 적이 있었다. 그중 법요집 표지를 선택하는 데 많은 시간을 할애하고 다양한 재료와 디자인된 여러 표지들을 살펴보았다.

심플하면서도 손에 부드러운 촉감을 주는 불광사 법요집, 글자가 크고 시원한 편집에 요즘 많이 사용하는 비닐류의 표지를 한 조계사 법요집, 무뚝뚝한 것이 백 년이 흘러도 멀쩡할 것 같은 양장본의 조계종 통일법요집 등이 눈에 들어왔다.

이런저런 선택의 고민을 하다가 언뜻 늘 보아왔지만 소홀히 지나친 법요집이 하나 눈에 들어왔다. 바로 작년에 편찬한 해인사 수련동문회 법요집이다. 겉은 검은색 고급 가죽에 책 둘레를 지퍼로 돌려서, 가지고 다니기 편하게 만들어진 법요집이다.

"와! 이리 좋은 게 있었네. 지퍼 박음질을 했으니 표지 재료도 튼튼한 것일 테고…… 이거는 견적이 얼마나 됩니까?"

"스님, 그것은 많이 비싼 겁니다."

"재료가 뭐길래 그리 비쌉니까?"

"스님, 요것은 돈피豚皮라는 겁니다."

"아! 돈피, 가죽이구만. 그러니 비싸지…… 가죽."

그러고는 잠시 짧은 침묵 속에 여러 생각이 지나갔다.

돈피.

한자로 전달된 말은 그 뜻을 선뜻 이해하기가 쉽지 않았다.

"돈피! 돼지가죽? 돼지 껍데기?"

"맞습니다, 돼지 껍데기. 가죽 중엔 싸고 튼튼해서 책 표지로 잘 쓰입니다."

아! 돼지 껍데기. 돼지 껍데기가 이런 데 쓰일 줄이야. 소나 말, 개 가죽이야 북이나 장고 편으로 자주 쓰이는 것을 알기에 그 무리 중에 끼지 못한 돼지는 평소 쉽게 보아온 것이 사실이다. 각종 고사와 제사상에, 건강을 위한 식재료와 산업용 책의 표지로까지 쓰인다는 말에 돼지가 새롭게 보였다. 그날 해인사 법요집의 표지로는 돈피가 좀(?) 부적절하다는 것을 깨닫고 다른 비닐류 표지를 선택하였다.

그나저나 해인사 수련동문회 법요집 표지가 돈피라니 좀 민망하기도 하다. 하긴 절에서 예불 전에 치는 법고法鼓도 동물의 가죽이니 이상할 것도 없겠지. 행여나 법요집을 들고 연탄불이나 장작불 주위를 가는 일이 없도록 해야겠다. 후각이 동할지 모르니까.

행복은
언제나
내편

너도 언제나 내편 ~~~

진미쓴다

5장

난득호도
難得糊塗

—

생활 이야기

바보처럼
살기는
힘드모
어렵
다

개 조심

신도 집에 일이 있어 방문한 적이 있다. 신도시의 한적한 곳에 전원주택으로 꾸며 마당도 넓고 시원스러운 느낌의 집이었다. 문을 열고 집 안에 들어서는데 문 옆에 작은 크기의 개집과 벽에 큼지막하게 붉은 글씨로 '개 조심'이라고 써 있었다.

초입부터 위압감을 주는 탓에 얼마나 사납고 큰 개가 있으면 저런 경고 문구를 써놨을까 생각하며 조심스레 사방을 살폈다. 그런데 개 소리도 안 들리고 개집 안을 살펴봐도 개가 보이지 않았다.

"개가 어디 있어요?" 하고 물었다.

주인이 개를 부르자 어디선가 작고 귀여운 개가 꼬리 치며 살랑살랑 걸어 나오고 있었다. 사납고 큰 개를 생각하고 있던 나는 괜스레 민망해졌다.

"강아지가 이쁘고 사람도 잘 따르고 잘 짖지도 않는데 뭐하러 저리 큰 글씨로 '개 조심'이라 써놨습니까?" 하고 물었다.

신도분이 말하기를,

"개가 너무 작아서 사람들이 잘 못 보고 밟을까 봐…… 개 보호 차원에서 써놨습니다."

아~~

사람 보호가 아니라 개를 보호하기 위해서였구나~

그렇지. 왜 한 번도 개의 입장이 되어보지 못했을까.

내 곁에 왔던 부처

살다 보면 문득 예기치 못한 데서 나를 놀라게 하는 소소한 깨달음을 얻는 경우가 있다.

엉뚱한 곳에서, 돌발 질문이나 상황들로 인해 감동받기도 하고 또 상처를 받기도 한다.

어느 날 일이 있어 시내에 나갔다가 아는 분의 아파트를 방문하게 되었다.

아파트 놀이터에는 7~8세 정도 되는 아이들이 두세 명 뛰어놀고 있었다. 그곳을 지나가는데 한 여자아이가 머리카락 빡빡 깎은 스님이 신기했던 지 호기심 어린 눈으로 나를 쳐다보더니 큰 소리로 외쳤다.

"와! 부처님이다."

부처님? 내가?

한 여자 어린이의 음성이 나를 들뜨고 기쁘고, 또 한 부끄럽게 만들었다. 수행자의 근본이 확철히 깨달아서 부처가 되는 것이었지만 나는 아직 깜깜한 상태였다. 그런 내게 부처님이라니…….

부처님이다!

그날 큰 소리로 내게 부처님이라고 외쳤던 어린 아이, 당신은 내게 왔던 부처님입니다.

하루는 지방에 갔다가 돌아오는 길에 남원 휴게소에 들렀다.

여러 어른스님들을 모시고 행사에 참여하고 오는 길이었다. 화장실도 들르고 차 한 잔 마시며 쉬다가 다시 출발하기 위해 차 있는 쪽으로 걸어가고 있었다.

그때 휴게소로 진입하는 봉고차가 있었는데 한 무더기의 아주머니들이 타고 있었다. 봉고차에서 내리더니 자기들끼리 수군대는 모습이 보였다. 그러다가 한 여인이 내게 다가왔다.

나는 그 순간 내가 아는 분인 줄 알고 씩 웃어 보였다. 그 순간 내게 귓속말로 이야기하는 것이었다.

"스님, 이렇게 헤매지 마시고 예수 믿고 천당 가세요" 하며 자기들 무리로 뛰어갔다.

스님들이 여럿 있었는데 왜 하필 나에게 저럴까.

순간 당황해서 10초 정도 멍한 상태였다. 쫓아가서 한마디 하려다가 참았다.

그렇지. 깨닫지 못한 내가 잘못이지. 저 사람 눈에도 내가 중생인 것이 확연히 보였나 보다. 그러니 나를 구제하려 했겠지.

그날 나에게 구원(?)의 손길을 내밀어 준 그 아주머니, 당신은 내게 왔던 부처님입니다.

도롯가 풍경

*

대구를 지나다가 도롯가의 플래카드를 보았다.

"○○ 스님 대구大 초청 강연회."

대구대학교에서 스님을 초청하여 듣는 강의다
싶어 반가웠는데 다시 한 번 내용을 생각하다 보니
그것이 아님을 알았다.

"○○ 스님 대구 大 초청 강연회."

*

　함양에서 거창을 오다 보면 거창 톨게이트 다 와
서 거대한 상징물과 함께 대형 간판이 보인다. 출
가 초 버스를 타고 가다가 본 간판이 거대하게 눈
에 들어왔다.

　"거창 승가 대학교."

　거창에도 승가 대학이 있나 하고 놀라서 다시 보
니 그 내용이 아니었다.

　"거창 승강기 대학교."

마당에 곰 있어유?

　오랜만에 수좌스님(참선 수행하는 스님)을 인터뷰하기로 약속하고 설레는 마음으로 날을 기다렸다. 함양 문수사文殊寺에 계신다는 소릴 듣고 지리산으로 향했다. 네비게이션을 찍고 서울에서 달리길 5시간. 오후 해 질 녘 즈음 도착한 문수사.

　마당에 도착하니 한가운데 곰 우리가 떡 놓여 있었다. 곰이 있었는데 그것도 세 마리가…….

　마당에서 주지스님께 전화를 했다.

　"스님, 저희 도착했는데요? 절 마당입니다."

"알았어요. 금방 나갈게요."

마당에서 우리에 있는 곰을 살피며, 태백산 토굴에서 15년 정진했다는 주지스님을 만나는지라 '그래서 곰을 키우시나?' 생각하며 스님을 기다렸다.

10분이 지나도 스님이 안 나오셔서 의아해하던 차에 스님께 전화가 왔다.

"지금 어디에 있어요? 내가 지금 마당에 나와 있

는데……."

"저도 마당인데요?"

"그럼 혹시 마당에 곰 있어유?"

"예, 곰 세 마리……."

"그럼 거기 아니에요. 거긴 지리산 남쪽이고 여긴 함양 문수사예요. 지리산 반대편으로 가셨네."

문수사란 절이 많긴 많지만, 같은 지리산에 문수사가 또 있을 줄이야.

곰이 있는 문수사를 나와 지리산 북쪽으로 다시 두어 시간을 달려 밤늦어서야 스님을 만날 수 있었다.

생각했던 스님과 곰의 이미지가 어울리지 않아 많이 놀랐었지만 늦게라도 그 절이 아니란 것에 안도하며 인터뷰를 마치고 문수사를 나올 수 있었다.

만나는 사람을 세 번 놀라게 하는 진명 스님

《해인》지 비구니 편집위원이었던 진명 스님이
있다.

워낙 대중적으로 인지도가 높아 많은 불자들에
게도 알려져 있으며, 서로 다른 종교(불교, 천주교, 원
불교) 간 화합을 위해 결성된 여성 성직자 모임인
'삼소회三笑會'에서도 활동을 하고 있어 타 종교인
에게도 많이 알려진 스님이다.

진명 스님을 만난 사람들은 한결같이 세 번 크게
깜짝 놀란다고 한다.

첫 번째는 진명 스님의 글을 보고 놀란다.

월간 《해인》 〈솔바람 물결 소리〉 코너에 3년 넘게 글을 연재하면서 많은 독자들에게 산중의 소식을 전하는 무공해 필력으로 팬층을 확보하고 있다. 진행을 맡은 방송까지 직접 원고를 쓰다 보니 그 인기는 날로 더해갔다.

두 번째는 목소리를 듣고 놀란다.

BBS 불교방송 라디오에서 8년여에 걸쳐 〈차 한 잔의 선율〉을 진행하면서 맑고 포근한 음성으로 피곤에 지친 이들에게 청량제 같은 역할을 하며 흐르는 물처럼 부드럽게 마음속을 휘감는다.

남성과 여성을 섞어놓은 중저음의 차분하면서도 맑은 소리로 요즘은 크고 작은 산사음악회에서 인기 있는 사회자로도 활동하고 있다.

이 속에 진명 스님 있다.

세 번째는 얼굴 보고 놀란다.

목소리를 듣는 이라면 누구나 스님의 모습을 머릿속에 그려본다. 글 잘 쓰고 목소리 좋은 스님이 도대체 얼굴은 어떻게 생기셨을까 하는 기대감으로⋯⋯.

신비감에 싸여 만나 뵈면 역시 모든 이를 실망시

키지 않으신다. 정말 편안하고 정겹게 생기셔서 만나는 이로 하여금 답답한 가슴이 뻥 뚫리는 시원함(?)을 느끼게 한다.

세상의 모든 것을 다 가진 스님.

진명 스님이 이번(2011년) 종단 소임자 개각에서 '문화부장'이란 중책을 맡았다.

다양한 경험과 이력을 바탕으로 종단의 현안들을 잘 헤쳐 나가리라 기대하며, 월간《해인》의 이름으로 건승을 기원한다.

그럼 이번 문화부장 내정이 네 번째로 나를 놀라게 한 것인가?

배달 사고

*

○○ 스님은 오랜만에 승복 두 벌을 주문했다. 얼마 전 은사스님께서 내린 법호를 받은 기념으로 신도들이 맞춰준 것이다. 옷을 주문하고 시간이 지나도 도착하지 않자 답답하던 차에 승복집에 전화를 걸었다.

"주문한 승복 어떻게 됐습니까?"

"스님, 벌써 보냈는데요!"

아뿔싸! 곰곰이 생각해 보니 사중 노스님의 이름이 새로 받은 법호와 같았다. 느낌이 쎄~하다. 이리저리 살피며 안부 여쭐 겸 스님을 찾아갔다. 그러자 어른스님께서 반색을 하시며,

"스님! 고마워. 이러지 않아도 되는데…… 옷에다 이름까지 새겨주다니. 잘 입을게!"

어른스님은 그 스님이 호를 받은 것을 당연히 알지 못하셨다.

"예, 스님…… 옷 잘 입으시고 늘 건강하십시오……."

스님은 허탈해하며 방을 나왔다. 결국 승복을 다시 주문해야 했다.

*

어느 비구니 스님이 강원 다닐 때의 일이다.

배고프던 아랫반 시절, 용기를 내서 아는 반연께 오징어 한 박스를 보내달라고 부탁을 하였다. 그러

고는 조마조마한 마음으로 택배가 오기만을 기다리고 있었다.

그러다 곰곰이 생각해 보니 강사講師스님과 자기가 이름이 같음을 알았다.

들키면 큰일이다 싶어 오후 택배가 도착할 때쯤 종무소를 계속 바라보고 있었다. 잘못해서 이름이 같은 강사스님께 전달이 되는 날엔 큰일 나기 때문이다.

그런데 초롱초롱한 눈으로 종무소를 살피다가 잠시 한눈을 판 사이, 택배 아저씨가 도착하여 강사스님께 물건을 전달한 것이 아닌가!

부랴부랴 종무소로 뛰어가 막 물건을 전달받은 강사스님께 "이거 저한테 온 택배입니다"라고 하였다. 그런데 아뿔싸! 박스에는 큰 글씨로 '건어물'이라 쓰여 있었고 상자에서는 오징어 냄새가 진동하고 있었다.

강사스님께서는 다 알고 있다는 듯 씩 웃으며 물건을 건네주시곤 이내 모른 척하셨다. 스님은 얼마나 떨었던지 오징어 한 마리만 내놓고 나머지는 상자째 마을 아주머니들께 나누어 드렸다.

우연한 배달 사고로 본의 아니게 노스님께 승복 선물을 한 스님, 배달 사고로 하마터면 강당에서 쫓겨날 뻔했던 스님.

과정이 좋다고 결과가 늘 좋은 것은 아니다. 늘 의외의 결과는 나오기 마련. 마음먹기에 따라…….

부처님오신날 봉축 표어

《불교신문》을 보니 종단은 벌써부터 초파일 준비에 열심인 것 같다. 초파일 준비의 시작은 봉축 표어 선정에서 시작된다. 개인화된 사회 속에서 표어나 슬로건이 어느 해부터 단체나 집단을 나타내는 문화라 사라지는가 싶더니, 조계종에서 몇 년 전부터 부활시켜 봉축 표어를 공모하고 있다.

2013년 봉축 표어 당선작을 보니 '세상에 희망을 마음에 행복을'이라는, 남양주에 사는 불자가 응모한 표어이다. 2012년 '마음에 평화를 세상에 행복을', 2011년 '함께하는 나눔 실천하는 수행' 등 희망 · 행복 · 소통과 같이 그 담고 있는 내용은 언제나 인간의 행복이다.

봉축 표어를 보니 느낌이 새롭다. 20여 년 전 불교 활동에 몸담았던 나로서는 늘 표어 속에 묻혀 살았던 것 같다. 1986년부터 1993년까지 불교학생회와 청년회 활동이 가장 활발했던 시기에 불교에 몸담고 활동한 적이 있었다. 그때는 해가 바뀌거나, 수련회를 가고, MT를 가고, 회보를 만들고, 단체 티셔츠 하나를 맞추더라도 단체를 나타낼 수 있는 표어나 구호 선정에 열중이었다. 그중 멋진 표어 두 개를 소개해보고자 한다.

"가자! 석청(부천 석왕사 청년회). 예토 속으로."

단체 티셔츠를 만들 때 썼던 표어이다.
예토穢土(우리가 살아가는 땅)는 정토淨土와 대치되

는 개념으로, 우리가 추구하는 아미타 부처님이 보호하는 서방정토西方淨土를 이상향으로 보고 나아가는 것이 아니라 바로 우리가 숨 쉬고 살아가는 우리의 삶의 터전인 바로 이곳!—'예토'를 향하자는 의미인데, 이 표어는 신선한 충격으로 다가왔다. 당시 민중불교와 대승·실천 불교의 흐름 속에서 청년 불자들의 의식과 시대상을 잘 나타낸 문구가 아닌가 생각된다.

"수행으로 다진 불심, 실천으로 꽃 피우자!"

다들 직장이 있다 보니 그때는 수련회를 해도 2박 3일 정도의 시간밖에 못 내었다. 1990년도 여름 수련회 자료집의 슬로건이었다.

여름 수련회를 통해서 닦은 마음을 개인의 수행으로 그치지 말고 가정에서, 사회에서, 청년회에서 적극 실천하는 청년 불자가 되고자 하는 의미로 주제를 잡았던 것 같다.

"사교대승四教大乘 위자연력爲自然力."

출가하여 해인사 강원에 들어갔다. 해마다 5월이
면 단오 체육대회가 열렸는데 각 학년마다 승리를
다짐하는 표어를 만들어 플래카드를 만들고 그곳
을 중심으로 열심히 응원을 한다.

불교의 핵심 가르침을 배우는 강원이기에 모든 표어는 학년마다 배우고 있는 경전에서 문구를 만들고, 그러다 보니 모두 한자이다. 그 내용과 뜻이 깊이를 알 수 없을 정도로 심오하지만 어떨 때는 아주 간단할 때도 있다. 우리가 사교(3학년)반일 때의 구호이다.

우리만의 해석을 하자면 '사교반이 대승(완벽한 승리?)을 거두는 것은 자연의 이치이다'.

초파일 봉축 표어를 보니 20년 전이나 지금이나 추구하는 불교의 지향은 같은 것 같다.

지금 글을 쓰고 보니 조금은 쑥스럽다. 표어 셋 중 하나는 내가 제안한 것도 있고…….

뭐든 다 생각해내고 실천했던 그 시대의 열정이 조금은 그립다.

빌보드의 추억 1

가수 싸이가 세계적인 인기를 얻으며 승승장구하고 있다. 세계적 음악 차트인 《빌보드Billboard》에 〈강남스타일〉이 2위까지 올라갔고 후속곡인 〈젠틀맨〉도 발표 후 빠르게 순위권에 진입하면서 그의 인기를 실감케 하고 있다.

《빌보드》지는 세계적 음악의 추세와 개인의 인기를 나타내주는 표준이기 때문에 싸이의 빌보드지 입성은 박찬호의 메이저리그 승리나 박세리의 LPGA 우승에 버금가는 쾌거라고 할 수 있다.

싸이를 생각하니 그의 누나인 박재은 씨가 떠오른다. 지인의 소개로 박재은 씨가 《해인》지에 3년 동안 글을 연재하게 되었는데 요리 전문가인 그녀는 부처님께 최초로 공양을 올린 수자타를 생각해 코너 이름을 〈수자타〉로 하고 요리와 음식에 관련된 글을 매달 연재했다. 2005년부터 4년 동안 《해인》지와 인연을 맺었고 그로 인해 나도 싸이에 대해 본의 아니게 많은 관심을 갖게 되었다. 그 《해인》지 필진이었던 분의 동생이 《빌보드》지에 입성을 했다. 아주 화려하게…….

빌보드의 추억이 생각난다.

80년대 고등학생 때 라디오에서 흘러나오는 음악에 심취해 이어폰을 끼고 살았던 적이 있다.

음악 프로에 신청 엽서를 보내기도 하고 많은 사람들의 사연과 이야기를 들으며 감성을 다스렸던 그 시절, 다양한 음악을 들을 수 있는 유일한 창구 역할을 했던 라디오는 TV보다 더 소중한 존재였고 이후로 중고 미니 카세트 플레이어를 구할 때까지 라디오 사랑은 계속 이어졌다.

그때의 방송 인기 DJ는 얼마 전 돌아가신 이종환 님을 비롯해 박원웅, 황인용, 김기덕, 김광한 등이 활동했으며 요즘처럼 가수나 탤런트가 디제이를 보는 것이 아니라 음악 전문 디제이가 진행을 맡아 수준 높은 구성으로 팝송을 비롯한 세계의 음악들을 전해주곤 했다.

그중에서도 오후 2시에 하는 MBC 김기덕의 〈두시의 데이트〉와 KBS 김광한의 〈팝스 다이얼〉은 인기가 최고인 대표적 프로였으며 매주 세계의 팝pop 음악(미국, 영국이 중심이 되는)과 가수들의 정황, 새로운 신곡 등 여러 음악을 접할 수 있는 대표 음악 프로였다. 주말이면 토요일은 국내 인기 팝 베스트 텐(10)이, 일요일은 빌보드 탑 포티(40)를 방송했으며 여름과 겨울 방학 기간에는 한국인이 좋아하는 팝 베스트 100을 비롯한 컨트리 베스트 100, 헤비 메탈, 유럽·영화 음악 등 인기 순위 곡을 100곡씩

뽑아 장르별·국가별 인기 음악들로 분류하여 방송하였다. 요즘도 특집방송을 하는지 모르겠지만 "한국인이 좋아하는 ○○○ 베스트 100"은 대부분 80년대 〈두 시의 데이트〉와 〈팝스 다이얼〉에서 발표된 순위이며 지금도 방송과 인터넷 검색에서 그 시절 순위가 등장하는 것을 보면 그때의 향수를 지금도 많은 사람들이 추억하고 있는 것 같다.

그 당시 발표했던 내용 중에 재미있는 내용도 있었다.

"빌보드 순위에서는 1등 했는데 우리나라에서는 맥을 못 추는 노래 베스트 텐."

빌보드의 추억 2 ─ 『Pop pm 2:00』와 『Poko』

　80년대 중반 거리에는 '길보드' 음악이라는, 리어카에서 파는 B자(불법) 테이프가 성행했다. 음반가게에서는 '백판'(해적판·불법 복제판)이 유통되어 금지곡, 민중가요 등 정품으로 만날 수 없는 음악들도 대중들에게 널리 알려졌다. 양희은의 〈늙은 군인의 노래〉, 〈아침이슬〉, 신중현의 〈미인〉, 그리고 민중가요 등이 퍼져나갔으며 백판으로는 핑크 플로이드Pink Floyd, 퀸Queen의 〈보헤미안 랩소디 Bohemian Rhapsody〉 등의 희귀 음반들이 많이 소개

되어 몇몇 마니아들만 듣던 음악이 일반 대중에게도 서서히 퍼져나갔다. 고등학교 때 금지곡 하나 정도 알고 있으면 시대를 앞서가는 눈뜬 선진 학생으로 주목받았고 늘 친구들의 동경과 부러움을 샀다.

그때 나도 팝 음악에 빠져 매일 라디오를 끼고 살았으며 토요일에는 학교에서 일찍 귀가해 두 시의 음악 프로를 듣곤 했다. 주말에 '빌보드 탑 40'이 발표되면 이어폰을 꽂고 1위부터 40위까지 순위를 노트에 기록하는 것이 일상이었고 알아듣기 어려운 진행자의 영어 발음을 대략 적어 친구들과 그 주의 세계적 음악 차트를 이야기하며 한 주 한 주 정보를 주고받았던 기억이 생생하다.

당시 MBC 〈두 시의 데이트〉와 KBS 〈팝스 다이얼〉에서는 매달 한 번씩 월간지 『Pop pm 2:00』와 『Poko』가 발행됐다. 많은 젊은이들에게 인기가 있었는데 소량 제작해서 동작 빠른 일부에게만 쥐어

1980년대 발간되었던, 팝을 소개하는 월간지 『Pop pm 2:00』와 『Poko』.

진 이유도 있었고 빌보드차트 순위가 적혀 있다는 이유도 있지만, 그보다 더 중요한 이유는 우리가 TV로는 볼 수 없는 외국 가수들의 화려하고 멋진 화보들을 직접 만날 수 있었기 때문이다.

한 달에 한 번 발간되는 『Pop pm 2:00』와 『Poko』는 그 당시 유명 구두매장에서 무료로 배포되었는데 발행되는 날에는 잡지를 받기 위해 긴 줄을 늘어서는 수고도 아끼지 않았다. 그렇게 입수한 『Pop pm 2:00』에 소개된 빌보드차트를 매주 메모한 나의 차트와 비교하며 틀린 스펠링도 확인하고 음악에 대한 정보와 역사에 대해 공부를 했던 기억이 새롭다. 이 음악 잡지들은 당시 1호 재산 목록이었다.

『Pop pm 2:00』와 『Poko』는 '랜드로버'와 '영에이지'라는 신발매장에서만 배포했는데 아마도 방송 후원 업체였던 것 같다. 당시 FM 라디오는 인기에 걸맞게 경쟁이 매우 치열했고 방송국, 방송 프로, 진행자, 광고업체가 모두 경쟁 라이벌이 될 정도로 인기가 좋았다. 김기덕과 김광한, 두 시의 데이트와 팝스다이얼, 랜드로버와 영에이지로 대립되는 라이벌 구도는 오늘날 프로야구에서 팀, 지역, 업체로 경쟁하며 팬을 확보하는 운영방식과 비슷했다.

매장에서 구두를 사는 고객이 최우선으로 받을 수 있었고, 그냥 잡지만 받기 위해 줄을 서 있다가 다 떨어져 허탕 치는 일이 수두룩했다.

빌보드의 추억 3

당시 음악을 들으면서도 빌보드 순위에 들지 못하는 우리 음악에 대해 질 낮은 음악으로 봤던 것이 사실이고 '우리나라의 가수도 《빌보드》지에 오를 수 있을까! 오르면 순위는 어느 정도까지 갈까!' 하는 의문도 가져보았지만, 그 가능성에 대한 희망은 그리 높게 갖지 못했다.

아시아인으로 빌보드 1위에 올라간 노래로는 일본 가수 사카모토 큐가 부른 〈스키야키〉가 유일했고(나는 이 노래를 들은 기억이 거의 없다. 일본 노래라 안 틀어줬었나?), 아시아 출신으로 세계적으로 히트한 필리핀 가수 프레디 아길라가 부른 〈아낙Anak〉도 1위를 하지 못했다. 그러나 순위와 관계없이 이 노래는 우리나라에서 꾸준히 인기를 더하고 있다.

미국에서는 주목받지 못했지만 유독 우리나라에서 인기 있는 가수와 노래들이 있다.

대표적으로 스모키Smokie, 굼베이 댄스 밴드 Goombay Dance Band, 스콜피온스Scorpions, 징기스칸Dschinghis Khan 등이 그들이다. 이들의 노래는 '국내 인기 팝 베스트 20'에는 늘 들어 있을 정도로 우리의 정서와 많이 통했다(많은 부분 주관적 견해임). 이렇듯 빌보드의 순위가 국내에서의 인기와 반드시 일치하는 것은 아니었지만 빌보드차트에 일단 오르면 세계적인 인기 음악으로 간주되어 녹음을 꼭 해두든지 제목 정도는 외우고 있었다.

요즘 싸이의 노래를 들으면서 왠지 외국의 음악을 듣고 있다는 느낌이 든다. 빌보드나 세계 곳곳의 싸이 열풍과는 다르게 국내에서는 생각보다 조용했다. 노래의 인기보다는 빌보드 2위라는 기록에 대한 기사와 외국의 폭발적 반응에 오히려 더 관심이 있는 것 같다. 음악도 이젠 세계화되는 추세이다 보니 그 흐름을 따를 수밖에 없는 이유다.

우리나라 가수가 빌보드 2위에 오르면서 1위를 못한 아쉬움이 크게 남는다. 한번 기회를 잡았을 때 1위를 하지 못하면 또 몇십 년을 기다려야 할지 기약할 수 없기 때문이다. 그러나 불가능하게만 보였던 빌보드차트의 입성을 보면 우리의 문화 수준과 역량이 세계적 수준이 된 것 같아 뿌듯함을 느낀다. 동도서기東道西機라 했던가! 오히려 이제는 외국인들이 우리의 문화와 정신을 체험하러 우리나라를 찾는다. 한류를 이끄는 아이돌 문화와 한국불교의 템플스테이Temple Stay는 우리나라를 대표

하는 문화 랜드마크가 되어 우리나라를 찾는 외국인들에게 한국적 문화와 정서를 잘 전달하고 있다 (해인사 방문객만 봐도 외국인 숫자가 상당히 늘었다).

　80년대엔 귀했던 음악들이 요즘 유튜브를 통해서 검색 한 번 하면 라이브 동영상이 뜬다. 디지털의 발전으로 언제 어디서나 음악을 들을 수 있는 시대가 되어 예전만큼의 감동과 인기는 없지만 늘 한쪽만 들리는 이어폰을 꽂고 이번 주 빌보드차트는 어떻게 변했을까 궁금해하며 라디오 앞에 엎드려 순위를 적어나갔던 그 시절이 그저 꿈만 같다. 싸이의 선전으로 30년 전 즐거운 추억을 회상해봤다.

Temple Of The King — 왕사王寺

    서로 간의 소통을 위해서 우리는 핸드폰을 쓴다. 그러나 편리를 위해 만들어진 핸드폰이 현대인들에게 때론 정신적 공포감을 주기도 한다. 공포영화에도 자주 등장하는 이러한 핸드폰 공포는 바쁘게 살아가는 현대인이라면 누구나 갖고 있는 문명의 병이다. 바쁜 일이 있다든지 타인에게 빚을 졌다든지, 주위에 가까이 살아가는 사람의 관계 속에서 소통을 해주는 핸드폰이 때론 스트레스와 공포감을 준다니 아이러니가 아닐 수 없다.

하긴 소통 자체가 일[業]이니 옛 어른스님들은 일 없음으로 일을 삼으라 하신 것 같다.

낯선 이에게 전화를 걸다 보면 상대방의 분위기를 처음 느낄 수 있게 하는 것이 '컬러링(통화 연결음)'이다. 낯선 사람과 통화를 하고자 할 때 상대방 전화기에서 흘러나오는 부드러운, 때론 전혀 예상치 못한 음악은 통화의 긴장감을 많은 부분 해소해 준다.

컬러링으로는 핸드폰 회사에서 제공하는 보편적 통화 연결음을 많이 쓰고 있으나 개성을 살리고자 하는 이들은 자기만의 독특함을 살려주는 컬러링을 선택한다. 대부분 연예인들의 장난기 있는 멘트나 좋아하는 음악, 종교에 따른 메시지, 혹은 자연의 소리도 인기가 있다.

스님들은 일반 전화 신호음으로 많이 하지만 요즘은 '목탁 소리'나 '반야심경'과 같은 컬러링을 쓰는 배려심 깊은 스님들도 많다. 살고 있는 절에 맞취 〈송학사〉 혹은 〈탁발승의 새벽 노래〉 등도 훌륭한 컬러링이 될 것 같다.

비영리단체 '문화재제자리찾기' 대표이신 혜문 스님은 슈베르트의 〈송어〉를 컬러링으로 쓰고 있다. 송어는 자신이 태어난 하천으로 회귀하는 성품을 지니고 있다는데, 약탈당한 우리의 문화재를 제자리로 돌아오게 하는 일을 하는 스님에겐 가장 잘 어울리는 컬러링이 아닐까!

나는 10년 전부터 같은 컬러링을 쓰고 있다. 예전에 듣던 음악인데 제목이 나를 끌어들였다. 〈Temple of the king〉(왕사王寺). 노래의 전체 줄거리는 엉뚱한 내용이지만 제목만 봐서는 흡족하다.

해인사는 신라 애장왕의 시주와 진성여왕의 기도, 고려시대에는 태조 왕건과의 인연, 조선시대 세조대왕의 해인사 복원 등 역대 왕들과 인연이 매우 깊고, 역대 국왕의 안녕을 비는 경홍전景洪殿이 있었으니 해인사는 왕사였을 것이고 그곳을 살아가는 스님이니 컬러링으로는 현재 이보다 더 좋은 것은 없지 않을까!

세계에서 하나뿐인 자기만의 전화번호이듯 자신을 나타내는 컬러링으로 낯설고 긴장되는 전화 통화를 조금 줄여보는 것이 어떨까.

성철 스님께서 생활하시던 방.

어느 날

*

어느 날 스승이 제자에게 물었다.
"영원히 변하지 않는 진리가 있다.
그 진리를 구해야 한다.
그 진리가 무엇인고?"

제자가 대답했다.
"모든 것은 변한다고 하는 그 사실 외에는
변하지 않는 것은 없습니다."

*

어느 날 큰스님께서 학인에게 물었다.

"니 은사는 누꼬?"

"네, 저의 은사는 시아본사 석가모니부처님입니다."

"뭐, 이눔아! 그럼 내가 네 상좌란 말이가?"

＊

어느 날 글을 못 깨친 제자에게 스승이 물었다.

"니 앞에 놓인 경전을 읽어보아라."

제자는 머뭇거렸다.

"어서, 앞에 있는 경전을 읽어 보래두?"

제자는 머뭇거리는 듯하더니 큰 목소리로 외쳤다.

"흰색은 종이요 검은색은 글씨다.

흰색은 종이요 검은색은 글씨다……."

어록語錄

*

어느 날 일행과 함께 식당에 들렀다.

"보살님, 바로 공양 되죠?"

고민을 하던 집주인이 난처해하며 대답했다.

"발우공양은 어려운데요……."

"있는 것 좀 해서 바로 공양할 수 있게 하면 되는
데……."

"발우공양은 발우라든지…… 시설이 준비 안 되
어 있어서……."

소통의 부재였다.

'공양을 빨리할 수 있냐'는 물음에 '발우공양'으로 알아들은 집주인.

발우공양을 알아들은 집주인 때문에 이후 이 식당은 스님들의 단골집이 되었다는 후문이다.

*

얼마 전 비구니 도반께 전화가 왔다.

"말차抹茶(가루녹차)를 하나 샀는데 스님 하나 드릴게요."

"치타 차나 영양 차는 없나요? 말 차는 요즘 영 느려서……."

"아~ 예, 외제차 타고 가겠습니다."

언어유희言語遊戲

살아가는 데 있어 우리가 주고받는 말 한마디로 생활의 활력과 웃음을 줄 때가 있다. 밝힐 수는 없지만 알 만한 분은 다 아는 그분과의 대화 내용을 말하고자 한다.

'호계삼소虎溪三笑' 취재차 오대산 월정사로 가기 위해 우리는 청주의 한 사찰에서 하루 머물렀다. 반갑게 인사하고 이런저런 얘기 중에 주인공 스님께서 먼저 말을 건넨다.

"소임 놓으면 우리 절에 와서도 한번 살아야지."

"불러만 주세요. 언제든지 달려올 준비 돼 있습니다."

"걱정하지 마. 방에 불은 언제든지 넣어놨으니까……."

다음 날 오대산 월정사로 들어가기 위해 고속도로 진부 톨게이트로 빠져나가고 있었다. 옆의 스님이 한마디 거들었다.

"스님, 여기 진부가 다마네기(양파)가 특산품이라네요."

"다마네기…… 우리 어렸을 때도 많이 했지. 다마 내기(구슬치기)……."

월정사 취재를 모두 마치고 우리는 다시 차를 타고 내려갔다. 해가 서산으로 뉘엿뉘엿 넘어가고 있었다. 일행 중에는 함께 간 젊은 보살이 타고 있었다.

이 스님이 지는 해를 보며 이 젊은 보살에게 한마디 했다.

"장미야, 니 차 안에서 해 봤나?"

"예?"

"니, 차 안에서 해 봤냐고."

들는 이에 따라서는 얼굴 붉힐 말이지만, 이 보살은 스님의 의도를 워낙 잘 아는지라 멋지게 한마디 받아쳤다.

"스님이랑 같이 해 봤잖아요."

스님은 내려오는 내내 말이 없었다.

얼마 전 사무실에 전화가 왔다.

"네, 월간《해인》편집실입니다."

"편집장 스님 부탁합니다."

"어디시라고 전해드릴까요."

"전 지우라고 합니다."

"전지우 씨요?"

"아니요. 지우 스님입니다."

"아, 예!!!"

이름이 없습니다-무명 스님

한 달 있으면 해인사 큰 불사인 무생계無生戒 수
계법회가 있다.

수계식 하면 계율에 의한 속박이라는 생각보다
는 법명 하나 받는 것만으로도 마음이 설레기도 한
다. 또한 연비 한 방에 삼세업장三世業障이 다 녹는
다 하니 어느 누가 수계를 거부하랴! 법명을 받고
뜻을 새기며 살다 보면 나도 모르게 이름 따라 닮
아가게 된다.

업장을 녹이는 연비의식.

법명 중에는 재미있으면서 심오한 뜻을 가진 이름들이 많다.

그중 몇 명을 소개하자면, 석두石頭 스님, '돌머리 스님'은 진짜 이름과 잘 맞는 스님이다. 개인의 명예가 있어 더 이상은 말 못 하겠다. 지금 광주에서 무던히 주지 소임을 잘 보고 있다.

초제招提 스님, 재齋를 지낼 때 첫 번째 재를 '초재 初齋'라 하는데 이 스님 대적광전에서 3년째 열심히 목탁을 치며 재를 지내고 있다.

만우(卍雨) 스님, 얼마 전까지 기획국장 소임을 봤던 스님인데 스님 절에 가실 때면 언제나 "만우절에 가자" 하신다.

도반스님 중에 무명 스님이 있었다.

이름, '무명無名'. 범상치 않은 이름. 뭔가 있어 보일 것 같은 이름. 이 이름의 사연은 이렇다.

행자 생활을 여법히 마치고 은사스님도 훌륭한 스님으로 모셨으나 어찌 된 일인지 행자 교육일이 다가올 때까지 법명(이름)을 받지 못했다. 할 수 없이 급한 대로 행자 교육원에 입교하여 첫날 갈마(면접)를 받게 되었다.

"행자는 이름이 뭐고?"

"예, 아직 은사스님께 이름을 못 받았습니다."

"어허, 이름이 없어? 이름을 못 받고 행자 교육을 어떻게 들어오누. 이런."

골똘히 생각하시던 갈마스님께서 말씀을 이었다.

"이름이 없다……. 그럼 오늘부터 너를 '무명無名'이라 해라."

이때부터 스님 법명이 '무명'이 되었다.

이 스님 처음 만날 때가 기억난다.

"저는 종현 스님입니다. 스님 법명은 어떻게 되십니까?"

"예, 저는 이름이 없습니다."

"예? 아니, 스님 이름이 어떻게 되냐니까요!"

"예, 저는 이름이 없습니다."

"이 시님이…… 지금 나 상당히 무시하시네……."

(……)

그날 뒤통수 지대루 맞았다.

이 속에 모든 것이 있다!

부처님께서 마하가섭摩訶迦葉에게 세 번의 법을 전하는 내용이 나온다.

이것이 삼처전심三處傳心으로 '염화시중拈華示衆[*]', '다자탑전분반좌多子塔前分半座[**]', '곽시쌍부椁示雙趺[***]'

---

[*] 말로 통하지 아니하고 마음에서 마음으로 전하는 일. 부처님이 영산회靈山會에서 연꽃 한 송이를 대중에게 보이자 마하가섭만이 그 뜻을 깨닫고 미소 지으므로 그에게 불교의 진리를 주었다는 데에서 유래.

[**] 부처님께서 다자탑에서 설법하실 때 마하가섭이 뒤늦게 참석하자 부처님께서는 그를 불러 옆자리에 앉게 했다.

이다. 이후 서역에서 보리달마菩提達磨가 동양으로
법을 가져오고 오른팔 하나 자르는 결의를 보이고
서야 혜가慧可는 법을 이을 수 있었다.

　이렇듯 스님들이 법을 잇고 공부를 계승하며 스

●●● 열반에 든 부처님이 뒤늦게 나타난 마하가섭에게 두 발을 내밀
어 보였다는 이야기.

승께 인가를 받는다는 것은 백척간두에서 진일보 할 수 있는 인고의 수행 없이는 불가능한 것이다.

그러면 경전을 보는 강사스님들은 어떠할까!

그 옛날 경판이 만들어지기 전 종이에 직접 써서 만든 경전밖에 없었으니 당시에는 책이 가장 귀하면서도 소중한 것이었다.

그래서 가장 뛰어난 제자에게 전강傳講을 할 때는 당신께서 평생 보시던 『능엄경楞嚴經』이나 『금강경』 같은 책을 전해주시면서 법을 전하는 전강이 이루어졌다. 이것은 지금까지도 전통으로 이어져 내려오고 있다.

21세기 첨단 기술이 발달한 요즘, 산에도 전기와 핸드폰, 인터넷, 컴퓨터의 보급이 일반화되었다.

한 스님이 은사스님을 모시고 시봉하며 함께 살다 몇 년이 지나도 공부는커녕 매일 일만 시키고 목탁이나 치게 하자 더 이상 발전이 없다 싶어 스승 곁을 떠나기로 마음먹었다.

"스님, 저도 이제 공부하러 떠나겠습니다."

"떠나긴 어딜 떠나. 바로 서 있는 이 자리가 공부 자리인데."

"그래도 보다 넓은 곳에 가서 여러 스님들과 함께 탁마琢磨하고 싶습니다."

"그래? 음, 알았다. 잠시 기다려봐."

제자는 은사스님께서 용돈이라도 두둑이 주시려나 하고 은근히 기대가 컸다.

그런데 스님께서 낡은 구형 노트북을 가지고 오시는 것이 아닌가!

"자, 받거라. 내가 몇십 년 부처님 법 공부하고 느낀 것이 모두 이 속에 있느니라. 열심히 찾아보고 정진하되 궁금한 것이 있으면 언제든 물어보거라."

제자는 두둑한 용돈은 아니라도 스승께서 평생 보시던 낡은 노트북을 전해 받은 것에 감동하여 눈물이 글썽거렸다.

"예, 스님, 열심히 하겠습니다. 건강하십시오."

인사를 드리고 문 앞을 나서려는 순간 스승께서 급히 붙잡으시며 말하셨다.

"잠깐…… 노트북 좀 줘 보거라……. 아직 삭제하지 못한 자료가 있어서……."

일대일

　'문명의 충돌'이라는 거창한 말이 아니라도 석존 이후의 확연하고 독특한 헤어스타일과 유니폼 덕에 종종 스님들은 시험에 들게 된다.

　서로 간의 이념 차이는 엄청난 전쟁의 광풍으로 이어질 수도 있지만 한 생각 돌이키면 피식하는 웃음으로 지날 수 있는 일들도 많다. 한 치도 양보할 수 없는, 특히 공격적 에반젤리즘evangelism이라는 무시 이래 최고의 전도주의자들과 함께 사는 지금, 종교 간의 대화를 가벼운 위트로 시작하는 건 어떨까.

*

여기 어느 스님의 이야기가 있다.

노스님의 간병을 위해 한국 최고의 병원에 있을 때의 일이다. 병원에 '최고'라는 말이 있으면 환자나 가족에게는 '최후'라는 의미도 같이 있다고 한다. 이 병원은 암 병동이었으니 그 절실함이 더욱 큰 곳이었다. 꼬마 환자도 누나 환자도 할아버지 환자도 대부분이 항암치료로 까까머리인 곳이었다.

노스님의 공양을 챙겨드리려 물건들을 잔뜩 챙겨 들고 엘리베이터에 탔을 때이다. 어느 백발이 성성한 노보살님이 금방이라도 눈물을 쏟을 것 같은 눈빛으로 굽은 허리를 움직이며 다가오셔서 스님의 손을 덥석 잡으시는 것이다.

순간 스님도 코끝이 찡하니 매워지고 눈물도 핑 돌았다. 그래서 손을 꼬옥 잡아드렸다. 이심전심의 시간이 엘리베이터 안의 나머지 대여섯 명과 가슴

뭉클하니 지났다.

노보살님이 운을 떼었다.

"아이고! 우짜까이! 얼굴도 잘생겼고만 우짜다가 젊은 사람이 여호와 하나님을 여의고 악의 길로 들어섰을까잉?"

"???"

"그래도 우리 예수님은 젊은 중님을 사랑허요!"

"!!!!"

*

지하철로 통학하며 학구열로 한창 불타고 있을 때였다. 초심 때였는지라 수행자 체면에 육신 편하자고 젊은 청춘이 자리 차지하는 것도 그렇고, 무엇보다도 칼날 같은 풀옷이 구겨지는 것이 싫어서 서서 다닐 때였다.

미아역을 지나고 빈자리도 몇 개 보일 즈음 점점 가까워져 오는 소리가 있었다.

"○○지옥, ○○천당."

순간 전철 안은 회색 바바리코트에 밀짚모자를 쓴 젊은 스님과, 메가폰과 성경책을 든 전도사와 전단지를 든 아줌마 간의 오케이목장으로 바뀐 것 같았다. 모두 미묘한 긴장감으로 일어날 결말을 기다리고 있는 것 같았다.

한참 핏대를 올리던 40대가량 되어 보이는 이 전도사가 스님 옆에 점점 가까이 다가서며 큰 소리로 외쳤다.

"길 잃은 어린 양이여, 당신의 발길은 어디로 향하고 있습니까?

지옥입니다. 지옥으로 향하고 있습니다.

그 발길을 돌이켜서 회개하고 주님의 품으로, 천국으로 오십시오. 그렇지 않으면 지옥행입니다!"

이에 스님이 귀찮은 듯이 한마디 했다.

"아저씨, 이 차 당고개행이거든요! 형제님이 지하철 잘못 탔구만."

전화 사기 주의 멘트

최근 ARS 전화를 이용하여 우체국을 사칭, 허위로 소포가 도착 또는 반송 예정이라며 집 주소, 전화번호, 신용카드 번호 등 개인정보를 수집하는 사례가 발생하고 있다고 합니다. 이로 인한 피해가 없도록 각별히 유의하시기 바랍니다.

"○ ○ 우체국입니다. 소포가 도착하여 반송 예정입니다. 다시 듣고 싶으시면 0번, 안내를 원하시면 9번을 눌러주십시오"라는 안내 멘트가 나온 후 9번을 누르면 안내하는 사람이 나와 집 주소, 전화번호, 신용카드

번호 등 개인정보를 자세하게 물어본 다음 전화를 끊음. 예상되는 피해로는 위와 같은 전화 등에 응할 경우 집 주소, 전화번호, 신용카드 번호 등이 노출되어 범죄에 이용되거나 전화요금 청구 등의 피해가 발생할 수 있습니다.

며칠 전 어느 보살에게 문자가 왔다.

"보보 스님이 보낸 택배를 오늘 배달합니다.

—○○ 우체국 ○○○"

문자를 본 남편이 물었다.

"보보 스님이 누구지? 난 모르는 스님인데……."

"아이구! 전화 사기야. 인터넷 카페에 사찰 전화 사기 주의하라는 내용이 올라왔더라구."

"문자로 어떻게 사기를 친다는 거야."

"글쎄, 바빠서 제목만 보았는데…… 우체국 사칭하는 전화 사기가 판친대요" 하고 무시해버렸다.

저녁에 정말로 보보 스님이 보낸 택배가 도착

했다.

인터넷 쇼핑몰에 주문한 물건이었다.

보내는 편의 회사 상호가 "보보스".

존칭어 '님'을 붙여서 "보보스 님"이 아닌 "보보
스님".

(요즘 우체국에서는 택배 안내를 ARS가 아닌 문자메시지
로 보내고 있다.)

축원, 설마설마 조마조마

절에서는 사시 예불을 드린다.

『천수경』으로 시작해 '유치由致', '청사請司'로 이어져 '석가모니불 정근釋迦牟尼佛精勤'에 이르고 '지심정례至心頂禮'로 예불을 올린 후 축원을 한다.

사시 예불에는 시간에 맞춰 마지(공양)를 올리는데 이는 부처님 당시 하루 한 끼 공양하는 1종식을 하신 것을 받들어 매일 오전 11시 공양을 올리는 것이다.

그렇기에 신도들이 공양을 올리고 기도를 하는

시간은 사시 예불에 맞춰진다. 그래서 사시 예불 시간은 늘 신도들이 많이 몰리고 기도와 축원 내용들도 다양해진다.

각 절마다 축원은 노전스님이 하거나 혹은 주지스님이 직접 하는 경우도 있다. 가정의 화목, 건강, 국태민안國泰民安, 시험, 승진, 결혼, 사업, 운전 등 우리 생활과 밀접한 연관이 있는 내용들로 이루어진다. 축원 올린 신도의 주소와 발원자의 이름, 내용을 노전스님이 지극히 축원하면, 기도자는 지극한 발원으로 꼭 이루겠다는 다짐이 더해져 신심이 더욱 굳건해지는 것이다.

얼마 전 도반이 주지로 있는 사찰에 오래 머문 적이 있었다. 하루는 주지스님 방에 들어갔는데 도반스님이 진지하게 전화를 받고 있는 중이었다.

"예, 사시 예불 때 축원해달라구? 그래. 좀 크게 불러봐. 오후 12시 '8번 흑비호', 오후 1시 '3번 요동정벌', 2시 '7번 크린에너지', 3시 '5번 설마설마', 4시 '1번 조마조마', 5시 '6번 아름다운 여제'. 이게 다야? 알았어요. 걱정 마시고 몸 안 다치고 잘하시라 그러세요. 네, 끊습니다."

뒤에서 듣고 있다가 무슨 일인지 궁금하여 누구냐고 물어보니 마사회 소속 기수의 부인이었다. 금일 시합 시간과 출전하는 말 이름을 대고 각기 우승을 빌어달라는 전화인 것이다. 그날 법당 사시 예불에 동참한 많은 신도들이 살짝 뒤집어졌다.

앙고 시방삼세 제망중중 무진삼보자존 불사자비 허수낭감…… (중략)

원아금차 지극지정성 금일 사 시기도 동참 발원 제자 ○○도 ○○시 ○○동 한국 마사회 경마대 회 출전 제자 ○○○보체 금일 경마 우승 발원 출전 경주마 오후 12시 '8번 흑비호', 1시 '3번 요동정벌',

2시 '7번 크린에너지', 3시 '5번 설마설마', 4시 '1번 조마조마', 5시 '6번 아름다운 여제' 등 각기 출전 기수, 마자 등 무사고 무부상 발원 이차인연 발원공덕 무시이래······

잠시쉬어가는
그늘이되어
줄게요

어디로 가야 이 길의 끝이 보입니까

초판 1쇄 펴냄. 2020년 4월 1일
초판 2쇄 펴냄. 2020년 5월 1일

지 은 이. 종현
발 행 인. 정지현
편 집 인. 박주혜

사 장. 최승천
편 집. 서영주, 신아름
디 자 인. 이선희
마 케 팅. 조동규, 김영관, 김관영, 조용, 김지현
구입문의. 불교전문서점(www.jbbook.co.kr) 02-2031-2070~1
펴 낸 곳. (주)조계종출판사
        서울 종로구 삼봉로 81 두산위브파빌리온 232호
        전화 02-720-6107~9 | 팩스 02-733-6708
        출판등록 제2007-000078호(2007. 04. 27.)

ⓒ 종현, 2020

ISBN 979-11-5580-133-8 02220

이 도서의 국립중앙도서관 출판예정도서목록(CIP)은 서지정보유통지원시스템 홈페이지
(http://seoji.nl.go.kr)와 국가자료종합목록 구축시스템(http://kolis-net.nl.go.kr)에서 이용하실 수
있습니다.(CIP제어번호 : CIP2020010192)